WINNING THE HEART OF YOUR CHILD

MIKE BERRY

陪伴式成长
如何赢得
孩子的心

〔美〕麦克·贝里 著 刘璇 译

中国友谊出版公司

图书在版编目（ＣＩＰ）数据

陪伴式成长：如何赢得孩子的心 ／（美）麦克·贝里著；刘璇译. —— 北京：中国友谊出版公司，2021.6
ISBN 978-7-5057-5218-4

Ⅰ．①陪… Ⅱ．①麦… ②刘… Ⅲ．①家庭教育 Ⅳ．①G78

中国版本图书馆CIP数据核字(2021)第098087号

著作权合同登记号　图字：01-2021-4177

Copyright 2019 by Mike Berry
Originally published in English under the title Winning the Heart of Your Child
by Baker Books, a division of Baker Publishing Group,
Grand Rapids, Michigan, 49516, U.S.A.
All rights reserved.

书名	陪伴式成长：如何赢得孩子的心
作者	[美]麦克·贝里
译者	刘璇
出版	中国友谊出版公司
发行	中国友谊出版公司
经销	新华书店
印刷	唐山富达印务有限公司
规格	880×1230毫米　32开
	7.75印张　148千字
版次	2022年2月第1版
印次	2022年2月第1次印刷
书号	ISBN 978-7-5057-5218-4
定价	42.00元
地址	北京市朝阳区西坝河南里17号楼
邮编	100028
电话	(010) 64678009

版权所有，翻版必究
如发现印装质量问题，请与承印厂联系调换
电话　(010) 59799930-601

本书赞誉

小小的钥匙可以开启一扇扇大门，尤为重要的是，可以开启通往孩子内心的大门。我幸已获得麦克·贝里在此书中的提示。首先是他在自己家中的躬身力行，其次是他所举事例对诸人的深远意义，由此我的灵感得以开启。如果你希望与孩子终身保持亲密的关系，麦克·贝里值得你倾心关注。

——迈克尔·海特，畅销书《最美好的一年》（*Your Best Year Ever*）作者，
播客"走向成功"（Lead to Win）主持人

麦克捕捉到教育子女最本质最精妙的内容，这一切完全源于他多年来的亲身实践、尝试及纠错，他学习用上帝待世人的方式对待孩子。对于真心希望与孩子保持亲密关系的父母而言，此书是必读之书。

——史蒂芬·阿特伯恩，畅销书作家，咨询顾问，牧师
"新生活在线"节目（New Life Live）的创始人及主持人

麦克是一位父亲，一名教会负责人。他的深刻见解有助于每位父母了悟，在孩子生命的各个阶段，父母的作用意义重大。《陪伴式成长：如何赢得孩子的心》是个很好的起点，让你理解为人父母的作用，转

换思维方式，在教育子女的过程中秉要执本。

——雷吉·朗诺，"橘子"电信（Orange）的 CEO 及创始人

《成长阶段》（*Phase*）系列育儿丛书的合著者

今天，你将《陪伴式成长：如何赢得孩子的心》纳入育儿书库，明天孩子会感恩你的用心。麦克·贝里的使命是帮你赢得孩子的心，让你一展笑颜，反躬自省，付诸行动。本书是全世界父母不可或缺的必读之书。

——斯格普·普里查德，OCLC 公司总裁，领导力博主，畅销书《解读错误：打造成功未来的九大秘诀》（*The Book of Mistakes: 9 Secrets to Creating a Successful Future*）作者

本书是渴望成为子女孙辈眼中最佳家长者的必读之书。麦克·贝里分享了加深与子女孙辈关系的关键所在，不矜不伐，内容真实，无论针对哪个年龄段的孩子均适用。真心希望自己在初为人母时也能看到这样一本书！即使我的女儿业已成人，我亦为人祖母，在本书清晰阐述的真谛中，我依然可以汲取经验，转变生活模式。

——雪莉·埃尔德里奇，《领养须知 20 事》（*20 Things Adopted Kids Wish Their Adoptive Parents Knew*）作者

本书是所有父母的必读之物。我们一定要放下负罪感，摆脱惭愧心，不再时时担忧自己是否在教育子女的过程中诸事皆错。我们要逐步践行行之有效的明智教育策略，与子女建立起相伴一生的关系。

——切丽·洛，《财富》（*Your Money*），《婚姻：明智理财的秘诀》（*Your Marriage: The Secrets to Smart Finance*），《难以免俗的罗曼史》（*Spicy Romance*），《亲密关系》（*Their Intimate Connection*）作者，自由女王网（QueenofFree.net）创始人

忙忙碌碌的生活需要坦诚、睿智、幽默应对，麦克送给我们一份礼物，帮我们赢得孩子的心。作为熟悉心理创伤的家长，他的见地弥足珍贵，从多层面对孩子进行深入剖析。本书实为所有家长的必读书籍。《陪伴式成长：如何赢得孩子的心》为我们完美融汇了自我分析、爱的边界以及健康预期等内容。一书在手，襄助家长和子女建立良好关系。

——娜塔莉·布伦纳，《微不足道的生活》（*This Undeserved Life*）作者，www.NatalieBrennerWrites.com 网站作家

源于自己的亲身实践，麦克·贝里对教育子女一事知之甚详。父母务必与子女建立心与心的沟通，方能对他们产生影响，这一点在他

的心中无可比拟。他还领悟到，缺乏沟通的教育会制约父母的影响力。本书见解深刻，实用性强，向家长们介绍了九把钥匙，从而开启建立持久深厚的关系以及修复裂痕的大门。如果家长们迫切地想要建立起一生持久、相互关爱、密切沟通的家庭关系，我向你推荐此书。

——杰恩·斯库勒，《创伤孩子与康复之家：收养与寄养儿童的真谛》
（*Wounded Children, Healing Homes and Telling the Truth to Your Adopted or Foster Child*）合著者

麦克的坦诚让我精神为之一振。身为母亲，我有过生育、寄养、收养的经历，本书提醒了我，我并非踽踽独行。麦克分享的内容都是基于切身经历，在膏泽读者的同时，他出谋献策解决实际问题，鼓励读者为孩子计长远。季节更迭，孩子日渐长大，本书百读不厌。

——杰米·凯布，"被遗忘的主动权"组织（the Forgotten Initiative）
创办人、执行理事

在《陪伴式成长：如何赢得孩子的心》一书中，麦克·贝里向各位父母献上一份礼物。本书源于麦克丰富深刻的教育子女经历。在疏

导青春期以及青少年时期骚动不安的心理暗流时，麦克对家长们的做法或肯定、鼓励，或提出质疑，仁言利博，风趣幽默，切合实际。家长们如希望捕获孩子的心，切实影响他们生活，此书实为必读之物。

——詹森·约翰逊，演讲家，博主，《重构寄养关系：从〈福音书〉审视家长抚育教养之路》（*ReFraming Foster Care: Filtering Your Foster Parenting Journey through the Lens of the Gospel*）作者

作为一名母亲，我的孩子即将告别童年跨入青春期，此书助我为孩子的青少年时期做好准备，我由衷感谢。对于需要改变自己行事方式的青少年家长而言，本书确是优质的学习资源，对我们这些刚确定教育子女方向的人而言，这真是一份最好的礼物！我发现自己经常遇到这一情况，刚合上书本，就要面对现实生活中的"家长测试"。感谢本书助我学会转换思维方式，感谢麦克用睿智激励的言语，为我勇往直前助力加油。《陪伴式成长：如何赢得孩子的心》为我们探寻更好的教养方式带来了希望！

——杰米·C. 芬恩，《寄养家庭》（*Foster the Family*）作者

谨以此书献给雷切尔、克里斯托、诺艾尔、亚拉、
安德烈、以利莎、雅各布及塞缪尔。你们给予了我这份妙不
可言的礼物，让我成为一名父亲，我永远心怀感激。
我全心全意深深爱着你们每一个人。

目录 CONTENTS

致谢辞

成为一名专职作家已有三年的时间。在这段时间里，我才发觉汇集一本书竟需要耗费如此庞大的人力。需要致谢的人太多，独立成书亦不为过。

首先，我要感谢查德·艾伦。我的朋友，没有你本书就无法完成。谢谢你对我的信任！谢谢你相信我，相信我的观点！谢谢你给我一次机会！我永远心怀感念。

我还要感谢布莱恩·史密斯。你提出质疑，拓展了我的能力，尽管我有时也会心生不悦，但正因为此我成为更优秀的作家，所以要向你深深致谢。

在发给出版经纪人的众多邮件中，吉姆·哈特，你选择我的邮件审阅回复。在计划开启家庭关系巡讲之前，你就做出了英明决断，万分感谢！

查德·卡农，我的良师益友，你洞悉练达，助我成为当下之我。多亏有你，我才能梦想成真。

迈克尔·凯悦、梅根·凯悦·米勒、曼迪·里维耶乔，还有布兰登·特里奥拉，当下之我全赖你们的慷慨相助。数年前，你们将这份礼物馈赠于我；今天这份礼物继续赠予世人！本书的存在全仗你们的影响。对于你们四人，我铭感不忘。

杰夫·戈因，多年以前，你偶然间选择回复我的一封邮件，这一事件是迄今为止给予我的一份最好的礼物。随后你为我推开了2016年举行的部落会议之门，让我分享自己的故事。您有成人之美之风。我珍惜你的友爱与信任。我的朋友，你是一世之雄！

詹森·莫里斯和艾莉森·莫里斯，你们不知道克里斯汀还有我无比珍视你们的友情关爱。我们有必要参加德州奥斯汀举行的下一次座谈。让我们把它列入日程吧！

在很大程度上，我们的事业能有当下的发展要归功于你们，安德鲁·施耐德勒和米歇尔·施耐德勒，归功于你们对我们的信赖。我们曾共享的欢乐，我们之间的友情，无比珍贵。

安德鲁，还有詹森，感谢你们提供的众多文章线索，感谢无数次与你们的彻夜长谈，我才能保持清醒的思路。

全国各地"自驾之旅"组织（My Road Trip）的兄弟们，你们让我获益良多。我深爱你们。以后我们会有更多的郊游，攀上山巅去看日出。

来自"新新家园"机构（My Refresh family）的大卫、卡丽、艾伦、安吉丽娜、米莉、乔蒂、让，还有乔希，向你们献上我真挚的爱，献上由衷的谢意。你们让这次旅程其乐融融！

CAFO 之家的吉达、伊丽莎白还有艾米，你们的支持就是我的一切！

大卫·英格，还有麦克·加拉格尔，我们尚未完全熟识，你们就选择奉献支持我的工作，完全出乎我的意料。喔！我深爱你们！麦克，在你夏威夷科纳的家中，我一边眺望美丽的太平洋，一边完成了本书很多章节的内容。每读到此处，我都会笑意盎然。在我认识的人中，你们两人最慷慨大方。谢谢你们！

皮特·鲍恩和克里斯塔·鲍恩，杰西·德波尔和安德利亚·德波尔，你们一直为我们助阵加油，全力支持，每每想到我们初识为友的情景，想到友情历久弥深，我们都会喜不自胜。仅以本书献给你们！我们的心永远和你们在一起。

托尼·沃尔夫，我的秃顶伙计，我的帅哥！五年前我从"正经"职业离职时，是你告诉我，你不会为我感到遗憾，因为我要从零开始，去做命中注定的事。谢谢！谢谢！谢谢！

我的"忏悔绿洲"网站（Oasis）的团队成员们，你们杰出优秀。每天能与你们共事，我永远心怀感激。感谢你们笃信我们的使命，不知疲倦地工作，确保全世界的父母受到子女的关心爱戴！

马特·麦卡里克，我该从哪里开始向你致谢？纸短情长。自 2001 年以来，我们一直在疯狂又奇妙的旅途上前行！谢谢你的支持与协作。尤其要感谢你始终如一的友情！我们准备起航了，伙计！

内特·克里格，你远见卓识，笃信我们的事业，襄助我们向世界各地数以百万的家长传递希望。毫不夸张地说，如果没有你我就不会走到今天。对你的辛勤工作、深情厚谊，我深表感谢！

达伦·库珀，谢谢你多年来与我的促膝长谈以及高情厚谊。我的朋友，最美好的一切还在路上！

杰基·布莱索，感谢你多年前提出的宝贵建议，毫不夸张地说，这一建议打造了我们的全新平台，甚至帮助我们完成了这一项目。我的朋友，对你感怀备至！

约翰、尼科尔、瑞恩还有梅根，我永远的兄弟姐妹，如果没有你们四人，如果没有你们的宝贝孩子，我可能不会过上现在的生活。有了你们，我们大部分时间都能保持清醒理智，正直诚实，积极向上，富有活力。我们提出的那些疯狂轻率的想法，你们总是给予支持，从未怀疑或予以否定。克里斯汀和我对你们的爱超出了你们的想象。约翰还有瑞恩，多少次我们一起促膝深谈，在弗里德斯影院观看漫威电影①，开车去看U2乐队摇滚演唱会。你们是我的兄弟！我的挚友！在此一并感谢！

妈妈爸爸，感谢你们！即使你们当时并不理解，觉得不可思议，但你们一直让我做自己，毫不夸张地说，你们成就了今

①　漫威电影（Marvel movies），根据美国漫画巨头漫威漫画公司（Marvel Comics）出版的漫画改编而成，诞生了风靡世界的超级英雄电影系列，如《蜘蛛侠》《绿巨人》等。——译者注

日之我。德纳，谢谢你对我的爱，虽然我不是最好的兄长。永远爱你和彼得！

我的第二父母鲍勃·舒尔茨和珍妮弗·舒尔茨，感恩你们一直是这世间最好的岳父岳母。你们对克里斯汀和我的慷慨信任是最好的馈赠。对你们我感激涕零。感谢我的兄弟姐妹丽贝卡、乔希、罗伯、德里克、阿里和詹妮，对我而言你们就是全世界，在我的生命中有你们相伴，我心怀感激。

贝克出版集团卓越的编辑团队，你们的慷慨，你们对于本书的信任，令我兴奋不已，而我只是来自俄亥俄州乡下的一个寂寂无闻的作者。深表感谢！

贝蒂·麦金尼，我的高中新闻老师，您现已离世。我知道您能看到这部书，我能看到您绽放的笑颜。谢谢您在我上课时从不放弃对我的教导，从不认为我荒唐无知。您对我的影响成就了今日之我，促成我今日所做之事。

最后，谢谢我珍爱的妻子克里斯汀，在二十多年漫长的时光里，那些美好艰难的日子，都有你与我并肩度过。你的身上洋溢着无尽的慈爱、仁爱、关爱还有创意。谢谢你从未放弃我。谢谢我珍爱的孩子们，你们美丽优秀，为我带来欢笑，雷切尔（及养子里奇，孙子托马斯）、克里斯托（及未婚夫泰勒，孙女蕾拉、孙子利亚姆）、诺艾尔、亚拉、安德烈、以利莎、雅各布还有塞缪尔，你们让我的心每天都充满光明与感恩。没有你们，我会一无是处。我的内心深处满怀感激之情！爱你们的爸爸（爷爷）。

引言
推己及人，我们就能赢得孩子们的心

十年的时光倏然流逝。

过去我总以为十年是一段漫长的时光。十岁左右，我曾认为十年就是一世，直至步入二十岁。年满二十岁之时，十年于我似乎便是永恒，直到我迈入三十岁。年届三十岁后……对此大家都心领神会。

现在我四十一岁，我不会再以为十年是一段漫长的时光。更正一下，我认为十年根本就不是一段漫长的时光。不久前，我的妻子克里斯汀和我意识到，只需再过十一年后，我们就会成为空巢老人。十一年！所余时间不久矣。昨天，我还在给刚出生的孩子买尿片。今天，我就要为她买第一辆汽车。感觉好像到了明天，克里斯汀和我就会迁入一所公寓，那时只余下我们的空巢。

这种想法由来已久。我们有八个孩子，都是我们收养的孩子。九年来，我们还领养了二十三个孩子，有的尚在襁褓中，有的已经到了上中学的年龄。我亲身体验了十六年教育子女的旅程，现在抚养的这些孩子，从小就一直由我们照顾；除此之外，我还是一名家庭生活牧师，现在又成为一名家庭关系顾问，一名演讲者，我为千百万的家长进行辅导。克里斯汀和我共同建立了一个博客[①]，吸引了数十万来自不同国家的访问读者。在数百次的访谈中，没有任何一位家长告诉我，希望时间可以过得再快些。他们都希望，时间可以慢下脚步。或者说，自己可以重获某段时光。

我渐渐发现，时间如白驹过隙。常常会有这种感觉，在应对教育子女的一应事宜过程中，我已经开启了激烈的橄榄球四节比赛模式[②]，始料未及自己已陷入终场前两分钟倒计时的紧急状态。这就引发了一个问题，我如何安排，与孩子们共度余生？

2002 年，我的第一个孩子来到世间。最初几周我手忙脚乱，这很大程度上归咎于她是我们领养的孩子，完成领养过程从始至终耗费了近三个月的时间。跳过医生在预产期前七八个月初诊确定怀孕的环节，没有和家人分享的超声波照

---

① 此处是指名为"一名收养家长的忏悔"的博客（Confessions of an Adoptive Parent），借此博客，作者和他的妻子与世界各地的家长分享收养及领养子女的体验，提供相关资源和支持服务。——译者注

② 橄榄球四节比赛，一场美式橄榄球比赛分为四节进行，每节15分钟，如果在规定时间内两支球队出现平分，则再加上一场加时赛。——译者注

片，无法在妊娠八个月的过程中做好心理和生理的准备，比如在我们家重新装饰一个婴儿房，为宝宝购置婴儿服，举办庆生洗礼。为人父母的身份乍然凭空而降。现如今，回想这段往事，我不胜感恩。但若是重回当日，我依然毫无头绪。懵懵懂懂便初为人父，我毫无时间紧迫的概念！当时我曾认为时日尚多。

二十五六的我，三年内一跃成为青年牧师。当时克里斯汀和我成婚还不到两年，在我女儿出生前，我们一直都是全职工作者。我在一所教堂任职，工作责任极重。作为年轻人，我急于证明自己，尽可能将自己青春的日历填满诸多事宜。我不想让别人认为我无所事事，所以告诉自己一定有求必应，尽管这会让我一次又一次离开我年轻的妻子，随即又要离开我出生不久的女儿。

我就职的教堂位于郊区，在日益繁华的高端消费区刚盖了一座大楼，正考虑拓展范围。所以有一点可以确定，我忙得废寝忘食。要开青年会议？记入日程安排。准备退休会？加上这条。组织学生领袖团队？再加一条。添加了一条又一条，直到只有周日晚上的时间没有安排，甚至就连这所谓的休息日也常常会被占据。我当时认为我应该这样做。更有甚者，我还劝解自己，既然我的女儿尚在襁褓之中，她再长大些才会更需要我吧（我还误认为我的妻子也是这样）。

十六年后的今天，早晨我开车送当年那个新生儿开启高二新生活。她迈出车门，看到自己的朋友们，便跑去与他们抱在一起，忘记了我的存在。她并非有意为之，她只是个孩子，也是个年轻女性。看着她蹦蹦跳跳离开停车场，我低声自语："时间去哪儿了？"我的心隐隐作痛，赶快用手机拍下她的照片。随后，她跑得无影无踪。

啊！时间，请慢点走，我默默祈祷。每次想到
时间流逝如白驹过隙，我就会心中感伤。

我写下书中的内容，希望能重返往日时光，与年轻时的自己悄声讲授真谛；旨在领悟为人父母的真谛，那就是父母的影响力意义非凡，要尽己所能引领关爱孩子。这也是我的殷殷劝谏，时光流逝之迅疾远超你我想象，期望大家能明了。不知不觉间，那个襁褓中的婴儿，那个蹒跚学步的小儿，即将开启高二的新生活；始料未及处，发现自己面临人生的关键时刻。

为人父母的未来之路

在本书的字里行间，我试图帮助大家获悉几条真谛。第一部分解释了几种方式，几种我认为家长教育子女整体方略中存在偏误的方式。第二部分呈现了九大要点，如果想赢得孩子的心，家长必须掌握运用的九大要点。如果想与孩子尽

可能建立最健康有益的关系，尤其当孩子处于青春期时，这些要点必不可少，甚至他们成年之后也需如此。第三部分探讨了与子女相携一生应建立怎样的关系，从何处着手建立这种关系，怎样才能维系这种关系。

本书中，我会与大家深入探讨父母子女关系中相互影响的环节，说明增进互动的方法，提高子女教育成效的方式。以下三大核心教育原则相互交织，贯穿始终。

1. 理解父母的影响力。在孩子的生活中，父母的意见最具权威性。这一点可能难以置信，但一定要相信我。孩子多对家长言听计从，上行下效，深信不疑。但有些时候，如果他人的意见似乎比家长的话更有道理，而家长却固守自己对孩子的特别影响力，这一点似乎就不再是不变之法。用对方法最关键。

2. 转换父母的思维方式。不管你是否相信，父母的主要任务并非说教。注意，我说的是父母的主要任务。说教只是任务之一，并非首要任务。

3. 为至关重要之事奋斗。基于我们所讨论的实现与孩子相携一生的积极关系的九大要点，你会看到，有效发挥父母的影响力（准则一），接受天赋的父母角色（准则二），能够帮你赢得孩子的心。

天下父母终能拨云见日

我撰写本书献给两类父母。首先，此书献给孩子即将步入青春期的家长，或者初高中生的家长。你会认为孩子完全不听家长的话，我理解，因为我也是你所在行列中的一员，而且多次加入这行列。我希望，通过书中所写内容，有关父母对孩子的影响力，以及如何尽可能促成与孩子的最佳关系这一问题，大家会获得一个全新的视角。愿大家开始领悟这一点，在自己儿女生命的这一阶段中，你的意见至关重要；愿大家学会用有别以往的特殊方式，去践行对孩子的影响，愿此举助你收获的不只是硬邦邦的真金白银，更能收获逐步增值的股息红利。愿大家重新做好准备，不再仅争口舌上的一时得失，不再实践自己的观点，而是去赢得孩子的心。

第二，此书献给孩子尚在襁褓之中或蹒跚学步的家长，学龄前孩子的家长，或者小学生的家长。你可能认为时间还很充裕，所以并没有真正关注和孩子们共处的机会。我祈祷，本书会让你做好准备，迎接可能发生的一切，助你确定现在哪件事最值得为之努力奋斗，那就是父母和子女的关系，不论现在还是未来都是如此。愿你会记得岁月不居，时光如流。不要失落沮丧。我的用意并非警示诸位，而是有益提点。我想帮大家实现两桩事，那就是充分利用和孩子共处的时间，以及更好地发挥父母影响力。

　　大家准备好了吗？我也准备好了！

　　下面就来谈谈健康有益的父母影响力。谈谈努力奋斗的头等大事——孩子的心！

WINNING
THE HEART OF
YOUR CHILD

第一部分

育儿的误区

第一章

赢了争论，失了人心

秉要执本的原则

"有时我们很容易忘记这一点，你可以在口舌上占上风，强制孩子的行为得体适宜，但在这一过程中，人心尽失。"

这段话选自《教养儿女，力所不及：扩大家人的交际圈》一书，作者是雷吉·乔纳和凯里·纽沃夫。一个寒冷的清晨，在印第安纳州当地的一家咖啡馆里，我坐在仅有的一盏顶灯下读书，看着店里的熟客进进出出，手握咖啡甜点行走在上班途中。一个过往的画面倏而重现，那是一个夜晚，我和十一岁的女儿发生了争论。我当时说过的那些话在脑海中回响，那时我以为自己可谓字字珠玑，觉得自己占尽上风，而她的缄口不言更加提升了我的形象，我是一位全知全能、洞察秋毫的父亲，她应该对我心悦诚服，毫无异议。多年来我都认为，说服孩子会给他们留下持久的印象。但在那个清晨，我认识到自己的错误。第一次，我明白自己造成了与孩子之间的关系裂痕。

我认同纽沃夫关于内动力促生好胜心的阐释，"和大多数父亲一样，在自己的权威受到挑战时，我就会感到紧张不安。内心深处，有个人想要针锋相对，夺占上风，清除异己，证明一切我说了算。"① 对，那才是我！毕竟，这就是我的成长方式，也是在我妄生异议、违逆不顺或者超越边界时，我父母的处理方式。

即使在写下这段文字之时，我仍感到局促不安。我舍本逐末，真是大错特错。我还能想到当时的画面，我的小姑娘站在那里，呆若木鸡，而我在谈话中占尽上风，插话打岔，不给她留说话的机会，是我一手造成了我们内心之间巨大的裂痕。她料想到妻子和我惯用这种方式，甚至缄口不言。

第二天，我又坐在咖啡馆，在读到"赢了争论……输了人心"这一部分时，我心生愧疚。每次女儿令我们不快，或者与我们发生分歧时，这样的情况就会发生。上帝让每个孩子开口讲话，而我们却很快就让她归于静默。我们只在乎证明她有

---

① 选自《教养儿女，力所不及：扩大家人的交际圈》（*Parenting Beyond Your Capacity*），雷吉·乔纳，凯里·纽沃夫合著，科罗拉多州科泉：大卫·C.库克出版社出版，2010，第100页。——原文注

错，在乎争论时不能示弱，这才是我们心中的要务。我们忽略了真正的头等要务，那就是她的内心。她的心灵很脆弱，正不断学习成长。我们没意识到这一点，我们每次谈话都独占话语权，这正在摧毁她的内心世界。

过往的境遇也会影响她做出的回应。几年前我们收养了她，当时她三岁。在此之前，她在两个寄养家庭生活过。由于之前经历过创伤，初来时她很抵触，不愿将我们视为父母，这不足为奇。面对激烈争论的情况，她早已学会自我封闭，那是她的防御机制，于是她很难说出自己的想法，倾诉情感。她能选择的只有对抗、逃离或者冷战，于是她选择冷战。基于这一点，向两个年长的积极主动型女儿证明我们的观点，赢得争论，这应该就不算是难事了吧，他们以前可从未经历过创伤，但这样的想法大错特错。该拿我们的女儿怎么办？我们对此毫无头绪。

就这样念及自己的所作所为，我遗憾，我负疚，我羞愧，一个人坐在那里，一口一口地咽下咖啡，悄悄拭去泪水。我突然意识到，一直以来自己对孩子的所作所为，正是源于需要证明自己一贯正确的贪欲。如果那时她有手机，我定会滔滔不绝地向她道歉。我情难自已，驱车三十分钟赶到她的学校，把她从教室里拉出来，拥入怀中。

家长因何争胜

在与孩子的争论或其他互动中，家长必须成为常胜将军，有些家长会陷入这种思维模式，这一点无须置喙。读到此处，或许大家会和我一样，感到负疚羞愧。可能大家也意识到自己陷入了这种争强好胜的模式，要证明自己的孩子有错，全力诱导孩子做出自己满意的回应。大家无须再自责不已。教育子女绝非易事，我们投入的大部分时间，都用于设法解决怎样与子女相处融洽。转瞬间，他们已经步入人生的一个新阶段。我们自以为熟悉一切，却不得不重新调整，重新学习，对于家里有青少年子女、问题子女的家长而言，尤需如此。此外，我们大多数人生长的那个时代，责罚要及时，体罚不能宽宥，家长要训诫子女（妻子和我的童年就是这样的情况）。我们践行了自己熟悉的育儿之法，这件事就很容易理解了，（多数情况下）这办法还很有效。但是，我们总还有更好的方法。

以下便是一例。我们不能总在口舌上占上风，常"胜"会冒离心之险。这一点大家意识到了吗？如果我们总是必须做正确的一方，要证明自己的观点，要坚持自己的方法，从不给孩子发表自己意见的空间，就会形成新的风险。我们没有留出余地，让孩子的内心得到滋养，成长壮大。不止于此，我们还教会他们在生活中无须表态，保持缄默。

随着我日渐长大，父亲常常生我的气，独断专行。这便教会我两件事。第一，我需要警觉地观察自己的所言所行，因为我随时可能引起一场轩然大波。童年的大部分时光里，我都蹑足而行，唯恐惊醒暴君。姐姐和我每天都看着表，好准确地知道父亲何时回到家。我们必须确保自己的玩具不会散落在地。所有东西一定要摆放得整整齐齐。我的意思是无一例外，任何一处散乱都会招惹一顿训诫、呵斥，或者被贬得一无是处。即使一切物品摆放得井然有序，我们可能还会被揍一顿。对孩子而言，经历这一切多么恐怖，但那就是我们的生活。

第二，父亲操控一切的态度教会我缄口不语。安安静静地等到训诫结束，这才是上策。或者说，如果我开口说话，仅需表示赞同即可。父亲奉行一言堂，所以，争辩有意义吗？结果待到成年后，我依然无法顺畅地为自己辩护。我还要努力摆脱根深蒂固的不安感，以及能力不足的认知。即使现在步入不惑之年，我还要时不时地与之抗争。我父亲每次都在争论中尽占先机，却失掉我心。直到我长大成人，我们之间的关系才得以修复。现在，我们关系融洽，但是多年以来，我们之间关系紧张。

在孩子成长的每个时期，不管是小学，即将步入青春期，抑或初高中阶段，他们的心灵都很脆弱，这一点无可置疑。没错，他们可以很快恢复如常，但是这种复原能力是有限的。一切都未可知，我们却贪求好胜心而多有所失。孩子的确需要边界意识（这一点在随后章节谈及），设定底线是件好事。赢得人心（而不是总是赢得争论），绝非意味着孩子想说什么就可以说什么，想做什么就可以做什么。惩罚要分时间和场合，尤其是在孩子做出不明智选择的时候。但是我们有必要密切关注争论背后的原因，以及最终利害关系。

家长必争之点

本书希望举例说明不同以往的教育子女方法，以转换范式。我有十七年教育子女的经历，十八年为众多家长提供辅导的积累，现在正在为美国各地成千上万的家长著书演讲。我相信，这种新方法是健康有益的方式，**最终**（最终是关键）会助我们享有与孩子相伴终生的积极关系。

如果我们只专注于赢得争论，虽有善意的出发点，但我们首先考虑的或许是在教育子女时父母扮演的教师角色。如前文所述，我们自然要起到老师的作用，但也要更多虑及家长扮演的其他角色，例如孩子心声的倾听者，孩子心灵的守护者。积极成功的教养儿女方式，不仅仅是建立在外在行为纠错的基础之上，抑或任何实际的具体内容。它建立的基础是，全身心专注人心，与孩子进行交流，要让孩子知道父母尊重他们，关爱他们，珍视他们，这一点远胜一切他物。

我希望时光倒流，希望扭转过往曾对女儿犯下的那些错误。但我所能做的，只有改变我们未来的互动交流，尤为重要的是改变自己的出发点。女儿需要珍爱她的父母。在任何情况下，她都需要一个这样的父亲，即使她做出了令人失望的不智选择，父亲也会让她感受到自己的重要性。就在最近这段时间，我们的女儿做出了需要承担越界后果的行为，她做出了一个错误甚至是危险的决定。如果是过去，克里斯汀和我早就全副武装去对付熊孩子了，我们估计她从学校回家，就会像猎人那样躲在阴影里等待猎物的到来。这听起来可能过于戏剧化，但遗憾的是真实情况于此如出一辙。万幸的是，那天吃午饭时我们讨论了此事，一致同意采纳更明智的办法，"她回到家，我们就让她坐下来，明确表示我们爱她。我们会准确言明她糟糕的决定会带来哪些麻烦，概述会有什么后果，然后就此打住，毋庸赘述，无须训诫。"虽然我们已用言语向她表达我们的爱，但还要用行动证明我们的爱。为什么如此言简意赅？因为赢得她的心远胜于赢得争论。我们过去选用的育儿方式风险太大。

不健康的方式或许可以纠正孩子们的外在行为，但是会付出什么代价？为了求胜我们失去了什么？如果你问我的话，我会说代价太大，失之甚重。我相信有一种方式，对各阶段的孩子都会产生积极影响，能在过程中赢得他们的心。这一点要落实到我们的语调、态度以及出发点上。

那个寒冷的清晨，我看着《教养儿女，力所不及：扩大家人的交际圈》一书，创巨痛深，这时我第一次意识到，我的言语对孩子的影响至关重要。自那一刻起我开始改变自己。

这一刻也可能是你发生改变的起点。或许读完本章内容后，你会像我一样深感负疚。没关系。我不可能改变过去，你也一样不能。但你可以改变自己的现在和未来。试着放下遗憾和羞愧之心，尝试新的解决方法，充满希望地审视育儿之路吧，这种改变会永远转变你对子女的教育模式。

 **思考题**

1. 你的父母最看重的是什么？是赢得与你发生的争论？还是赢得你的心？

2. 过去和自己的孩子相处时，你最看重这两点中的哪一项？

3. 若要强化自己对孩子的关爱，突显孩子的重要性，你会采用哪种新方法？

4. 这种方法要求大家摒弃什么？或者少做哪些行为？

第二章

爱心呵护，设定边界

父母影响力的关键环节

她瘫坐在我办公室的沙发上，摇摇欲倒。她热泪盈眶，低声抽泣，眼盯着地板。她的丈夫叹了口气，脱掉外套，紧挨着她坐了下来，紧紧握住她的手。

"一切都会好起来的。"我轻声说，背靠黑色的长毛绒办公椅，仔细观察着这两个人。

大约一个钟头的时间，没有一个人说话。我知道他们打电话来的原因，我是他们最后的希望。他们全然崩溃，彻底放弃之前，我是他们最后的一线生机。他们也曾尝试过联系我们教堂的心理咨询中心，所在学校的咨询顾问，甚至自费联系了几位治疗师。现在的他们失望低落，几乎彻底陷入绝望。

他们没办法和儿子沟通。自小学一直到初中,儿子的成绩都是 A。他热爱学习,乐于助人,关心同学,性情温良,老师对他盛赞不已。然后一切都变了。他的成绩直线下滑,变得冷漠自闭,不愿帮妹妹做任何事。他对一切都无动于衷,与父母完全不沟通。再有一个月他就年满十六周岁,一旦拿到驾驶执照,这对夫妻真害怕他会做出什么事。

每天放学后都是同样的场景,儿子走下公交,妈妈笑着打招呼,他却置之不理,插上 iPhone 耳机,与整个世界隔绝。连续几周时间,他都是这样的表现。

如果父母设法让他参加家庭活动,儿子要么做出让步,要么就是消极应对。我询问这个孩子是否动过自杀或自残的念头,他们保证没有这种情况。

终于,母亲的眼泪夺眶而出,沿双颊滚滚滴落。她将头倚在丈夫的肩头,悲痛欲绝。我将面巾纸递给丈夫,他揽过妻子,劝她安心。

接下来妻子所说的话我已经听过数百次,"我的宝贝怎么了?他变了!他不再是我认得的那个男孩。我觉得我快要失去他了。"

那一刻,我知道,温和地帮助他们转换新思维方式的时机到了。我说:"告诉我你们儿子幼年时候的情况。他五六岁或七岁大时,你们如何教养孩子?"

他们相互对视,心领神会。妻子迟疑地说:"我们从未对他说不,因为我们担心那样会毁了孩子。我真不希望他有任何不快，也从未想要他受苦，于是我想方设法避免他受到伤害。我知道这样做不对，但我不知道还有什么其他办法。"

"现在他成长为青少年了吧？他跨越边界时你们是怎么做的？"

"开战！"父亲不假思索地说，"我们一直战火不断。我们没办法令他对我们言听计从。为了控制他，我们几乎夺走了一切，剥夺任何一种形式的自由。我不愿意承认这一点，在我觉得没办法说服的时候，我还是倾向于训诫的方法。但是他就是自我封闭。这样做徒劳无益！"

我感谢他们的坦诚态度。经过几次面谈，我帮助他们层层分析既往的教育过程。他们开始理解各个阶段被自己忽略的那些心理变化，他们本可以引导孩子向安全健康的方向发展。

但他们还是对与孩子建立积极健康的关系不抱希望。当我谈到他们对孩子的影响力，谈到当下也完全有可能像过去那样，融洽地度过青春期这段时间，他们把头摇得像拨浪鼓，不赞成我的说法。他们不相信自己对孩子的生活还能有一丝丝的影响。其实他们已经影响了孩子，只不过在探索影响力时用错了方法。他们走了千百万家长走过的老路。

家长对孩子的影响或许很难看得出来，尤其在孩子十几岁的时候，但是，如果理解何为影响力，如何最大程度发挥影响力（参照第二部分所述的九大要点），你就能为孩子和自己创造更加美好的明天。如果孩子年纪尚小，这真是再好不过。大家就不会像许多家长那样最终陷入困境，更有可能收获不一样的成果。本书所述的这些概念不能阻止所有问题的发生，无法解决所有的问题，因为我们这些大人是在和小孩子打交道，这些孩子在发现真我之路上，会推翻家长设置的重重界限，他们会把事情搞得一团糟。但是我向大家发出挑战邀请，我们要用不同以往的方法赢得孩子的心。

那些孩子即将步入青春期，或是在上初、高中的家长，你不要绝望。即使此时开始看似为时已晚，但你还是可以拟定一个方案，重新设定方向。不管大家是何种身份，不管大家犯过何种错误，不管孩子对家长有多疏远，你都能赢得他们的心。

性质严重的两大错误

多数家长最初的愿望，都是培养孩子健康快乐的性格品性。我从未见过有哪位家长，在怀抱新生儿时有这样的想法：**天哪！我希望我会让这个孩子一蹶不振！**然而许多人踏上育儿之路时，对众多至关重要的原则一无所知，最终自己就会陷入绝望与挫败之中。

刚刚我和大家分享那个故事中的这对父母，犯了两大严重错误。第一个错误，由于他们自己的成长受到严苛规则的束缚，所以不愿意为自己的儿子设定健康边界，唯恐孩子会因此对他们心生怨怼。但是边界意识未必就是严格束缚。随后儿子背离正轨时，他们又反应过度。他们意在赢得争论，而非旨在赢得人心。他们对于影响力的想法偏离了正途。他们努力想要用健康的方式引导孩子，然而他们采用的对策却让自己沦为独裁者。当事情发生逆转时，他们在两种选择之间游移不定，无法确定是成为孩子的伙伴，还是做个全副武装的警察。

有些家长，尤其是那些初为父母的家长，规避设定边界和准则，他们忌讳说"不"。我能理解这些家长，他们的原生家庭处处沿用严苛无用的规矩，所以他们倾向于不为孩子设定严格的边界。

但现实却是，缺乏边界意识对孩子百害无一利。健康有益的责罚等同于爱。在《箴言》^①第 13 章中，所罗门国王说道，"不忍用杖打儿子的，是恨恶他，疼爱儿子的，随时管教。"（24 段）所罗门用词严厉：不责罚孩子就是恨恶孩子！联系上下文，恨恶一词并无深入骨髓的憎恶仇恨之义。相反，其真正含义为，不忍责罚就是给予孩子的爱不够完满。

用心思考一下在我们生活中设定边界的重要性。如果没有边界意识，混乱的局面便随之而起。这一点显而易见。如果我妻子和我没有设定边界，我们的孩子很可能上房揭瓦，

---

① 《箴言》（*Proverbs*），是充满智慧的古以色列王所罗门在中年时所作的诗歌书卷，被纳入基督教《圣经·旧约》。该书卷内容丰富，不仅是所罗门的教子之言，还收录了其他国家的箴言。内含智慧之言，哲理耐人深思。——译者注

放火烧屋。我是开玩笑的，但这话说得有些道理。要想在这个世界上生存下去，正常工作，我们需要边界意识。倘若我们的社会不存在边界，会是什么样？倘若没有法律规章，没有制度结构，会是什么样？倘若政府不复存在，会是什么样？倘若没有执法官员维系公民秩序，会是什么样？倘若允许我们随心行事，不计时机场合，会是什么样？我们就会陷入可怕的局面之中。

在我列举的事例中，那对父母犯下的第二个致命错误，就是粗暴地执行自己设定的边界（以确保他们清晰地表明何为边界，但许多家长不会这样做）。多数情况下，家长会诉诸指挥官或者导师的教育方式（这一点会在下一章节进行讨论）。此种情况发生的原因在于，父母唯恐自己不够严格，这样的话孩子会脱离掌控。其原因还在于，家长在寻找一种解决方案，来应对被动挑衅。多年来生活中发生的一起起事件中，我和大儿子都会发生对抗。我这个孩子寻衅好斗，需要经常提醒他我们设定好的边界；还需要（不断）提醒他，不得对包括他的父母在内的其他诸人言行无礼。我担心对这个孩子失去管控，于是变得粗暴严厉。他做出的反应消极激进，对我不以为然，这让我感到挫败，变得更加粗暴严厉。我严格管束的方法最终得到的回应如我所愿，我维系了对孩子的掌控（或者说我认为是这样），却失去了与孩子的良好关系。

最终，我不再尝试用雷霆手段确保儿子的回应"正确无误"，一旦我开始言明自己对他的期许，不再训诫他，儿子的回应也开始变得更为积极。如果大家在为自己付出的努力摇头不已，你要明白一点，你的情况并非个案，我鼓励大家和我一起坚持下去。下一章节会详细讨论健康积极地教育子女的方法。

体现慈爱的边界意识

包括我们的孩子在内，所有人都需要有边界意识。但这却引发了一个重大问题：有必要如此严厉地践行边界意识，实施责罚吗？根本不必如此。

如果不忍"杖打儿子"，父母给予孩子的爱会降格为不完满，那么此处的杖打指的是什么？是训诫？是嘲讽？抑或贬损？这些都不是答案。杖打就是一种原则。原则极其重要，体现对某事的重视程度。实际上，大家可以用**原则**一词替代**杖打**。换句话说，所罗门国王想告诉我们，如果摒弃责罚的原则（或者重要的责罚行为），那么我们给予孩子的爱便会不完满。甚至就连**责罚**一词也有待进一步解释。健康有益的责罚意味着独裁专制，人类历史上从未有过这种说法。责罚并不意味着加以训诫，直到你赢得争论，或者证明了自己的观点。我们制定边界，实施责罚，能否以平静克制且体现慈爱的方式加以实现？当然可以。实际上，用慈爱赢得孩子的心，**要求**我们设定边界，在孩子跨越边界时采用非常方式进行处理。

我喜欢将健康边界意识比作防护栏，通常将之设置在与危险区保持一定距离之地。明智的家长建立边界，教会孩子保持规避危险的安全距离。我想起在印第安纳州中部我的家乡附近，有一处高速公路地段特别危险，或许这是全美国最危险的路段。那里经常出现交通堵塞、安全事故，发生过多起追尾事件。我建议大家想方设法避开这路段。不幸的是，我过去经常频繁地驶过这一路段。有一次在遭遇交通停滞时，我注意到在高速公路旁有一个储水池，面积相当于一个湖那么大，储水池的边缘因挖掘而坑洼不平，水池距路面很深。如果车辆驶入池中，人必死无疑。然而，在道路与湖之间，人们树起一道坚固的防护栏，上面种了十五到二十英尺的草坪以及一排树林。任何车辆在驶进这个湖之前，会先撞翻那道结实的防护栏，横穿草坪，穿越树阵。我多次看到有车辆碾扎那道防护栏，却从未看到有车驶入草地或者开到湖边，多亏有防护栏，为人们设定了远离危险区的安全距离。

如果防护栏就建在危险区的边缘地带，那么它就无法提供这样的安全保障。撞翻建在悬崖边缘的防护栏，就会一头跌入毁灭的深渊。对于家长而言，要在孩子靠近危险区之前，用爱心建立边界，这就是这个比喻的含义。如果想要孩子尊重异性，避免婚外性行为，未满 21 岁前不饮酒，就要在临近青春期或者上初中时，设定边界意识，讨论边界问题，而不是待到他们已经上了高中才这样做。到了高中毕业舞会那晚再提醒，就为时晚矣。

用爱来设定健康边界意识最为有效。再多谈一点，很多家长会给边界意识贴上苛责与否定的标签，这多半是因为我们是在苛责、训诫、辱骂或者嘲讽的环境中长大。关于如何树立体现慈爱的边界意识，或许大家需要转变自己的观点。

孩子还在蹒跚学步之时，就应该开始建立体现慈爱的边界意识。如果设置了健康有益的边界，家长们就无须多年来向我咨询这个问题。由于数年没有确立边界意识，不服管教的青少年令他们头痛不已。

建立体现慈爱的边界意识，首先要沟通对话。我们家有一条家规，不许穿鞋走过门厅。我家位于印第安纳州中部的一个农场，那里冬天的天气格外恶劣。自十月一直到来年四月，后院和车道满是泥泞水坑。刚搬到这里，我们就提及这条规矩；注意到厨房里那些泥泞的脚印时，我们再次言及这条规矩；到了第三次，我们开始严厉地声明这条规矩；最后，我们不得不第四次重复自己定下的规矩时，我们宣布了越界后果。尽管这样，我们也不曾动用威胁、辱骂或者训诫的手段。我们与孩子就边界意识进行沟通，概要说明违规后果，谈话时心平气和，但态度不容置疑。当然，在房间里踩出泥泞的脚印，这不是件严重的危险事件，只不过让人恼火。但大家应该明白我的观点，即使涉及性行为、家庭宵禁令，或者热炉惩处法则[①]等

① 热炉惩处法则，指组织中任何人触犯规章制度都要受到处罚。由于触摸热炉与实行惩罚之间有许多相似之处，由此得名。——译者注

事宜，我们也可以通过沟通设定边界，或许还需践行严厉的爱（该术语在后面的章节中进一步讨论，或许有些贬义色彩，但并无贬损、严责、辱骂之意），但我们仍可以心平气和地沟通交流。

现在我们能做些什么？随后的内容会更为详尽地讨论这些原则。不过为帮助大家开始付诸行动，我们谈谈以下几个步骤，大家的行动要立竿见影。

1. 付诸行动，就在当下。 为时已晚，或为时尚早，都是错误的观念。不管孩子是两岁、六岁的孩童，还是青少年，大家当下就要付诸行动。如果孩子年纪稍长，大家又疏于设定边界意识，那么遇到的挑战可能会更大；即使时间稍迟，只要努力得法，孩子也会从中受益。

2. 解释所为，说明原因。 我建议在设立和施行边界之前，大家先坐下来与孩子沟通交流，尤其面对 8~12 岁的青少年，或者初高中学生。交流的内容应包括边界的具体内容、跨界后果，以及跨界的原因。大家需要通过言语和行动阐释说明，即使孩子认为父母很残忍，你们的爱也要毫不动摇。

3. 设立边界，付诸实施。 这一点看似显而易见，但我希望鼓励大家把这一点真正落到实处。关于边界的内容，你在纸上读到过，交流中谈及过，抑或仔细思考过。这些都不能称作确立了边界，一定要先行一步。为了开始行动，需在一些极为重要的领域，或者那些大家最想树立成功模式的环节，选择某些边界原则加以推行。

4. 坚持不懈，始终如一。如果设立了边界，却疏于实施，那么大家就给孩子传递了一个信息，这个边界无关紧要。先与孩子沟通说明家长对他们的期许，再将之始终如一地推展下去，这会帮助孩子认真对待家长的叮嘱。最终，他们开始理解设立边界的价值所在。

思考题

1. 大家在抚养孩子的过程中，关于边界意识、责罚、影响力，自身形成了哪些教育理念？

2. 为让孩子建立和保持健康有益的边界意识，大家曾努力做过哪些事？

3. 在教育子女时，大家最担心什么事？

4. 作为家长，大家选择相信自己具有何种影响力？

5. 如果在抚养孩子的过程中，大家可以达成一件事，这件事会是什么？

第三章

四种错误方式的共通之处 ①

教育子女，有所不为

数年前，有一条消息刷爆了互联网。几个十几岁大的女儿围着房间激动得手舞足蹈——至少我这个做父亲的人当时这么认为。有消息宣称，吉尔莫母女罗蕾莱和罗莉，以及星星谷小镇的一干众人，将重新回归网飞公司唯一的一部系列剧《吉尔莫女孩：生命中的一年》（*Gilmore Girls: A Year in the*

---

① 四种错误方式是本章的重点，分别用四部影视作品《吉尔莫女孩》《小淘气巴迪》《巴顿将军》以及《斯特里克兰先生》中的人物形象为代表，概要总结为梦想家模式、BFF 模式、指挥官模式以及导师模式。——译者注

Life）[1]。我的家人只收看这部系列剧，不容其他节目霸占屏幕。我妻子和两个女儿态度坚决，我别无选择，只能加入她们的行列。

好吧，我也被这部剧圈粉。我喜欢多年前最初拍的那几季剧集，常常在午休时间和克里斯汀还有二女儿一起追剧。在收看新剧之前，我们决定回看最初几季。剧集伊始，女儿罗莉年纪尚小，这个逗趣的孩子引得阵阵笑声，令观众大跌眼镜。据我所知，这部剧的编剧堪称最佳。

我们一起收看最初几季时，我注意到一个有趣的情况。从各方面来看，母亲罗蕾莱都是个积极的家长。罗莉出生时，她自己还很年轻，所以她与女儿的关系更像是朋友，而不是母女。那些关系紧张的交流互动，甚至是主要的矛盾冲突，似乎都能得到妥善解决（在第一季和第二季中均出现过）。这样的关系未必不好。对于罗蕾莱和罗莉这对吉尔莫家的母女来说，这种相处模式似乎行之有效。但当年幼的罗莉即将铸成大错时，常常会发生一个有趣的情况，那就是罗蕾莱无法掌控局面。有几季的剧情中，母女二人

---

[1] 《吉尔莫女孩：生命中的一年》（Gilmore Girls: A Year in the Life），是《吉尔莫女孩》2016 年推出的最新一季，由在线影片租赁平台网飞公司（Netflix）公映，由艾美·谢尔曼执导。该系列电视剧围绕吉尔莫家的罗蕾莱（Lorelai）和罗莉（Rory）这对关系亲密的母女在星星谷小镇的生活展开，是一部有关家庭、友情和爱情的现代家庭伦理剧。该片在 2007 年被 Time 杂志评为"时代百佳电视剧"。——译者注

还发生了争执。所以，在罗莉未把事情搞砸时，朋友关系富有成效。

我们纵情欢笑，观赏新剧集内容的同时，还收看了另一部耳熟能详的经典电影《圣诞精灵》[①]。我们贝里一家继续开启一年的视觉享受，我觉得这种 DVD 影碟在郊区家中播放了足足半年之久。有一天在行车路上，几个儿子又在观看《圣诞精灵》，他们可谓百看不厌，而我开始思考这几个角色，罗蕾莱、罗莉还有巴迪的性格特征。罗蕾莱和罗莉母女之间关系融洽，她们诙谐俏皮，激情饱满。就连母女间发生的冲突，仅在一两集的剧情中就能很快解决。只有一次，她们之间发生的分歧占据了半季的内容。有些人可能认为她们这对母女间的关系几近完美，幻想着现实生活中也能如此。

与这些虚构的角色相比，我们似乎有些冒傻气。从许多方面来说，吉尔莫家的这对母女是虚构出来的，对不对？让我们暂时回到医院或者收养中心看看，在心中勾画着一幅自己希望的未来养育子女场景的人，在总人数中占多大比例？我们会用爱心养育孩子，每个清晨他们会长高，他们会赞美

———————————

① 《圣诞精灵》（*Elf*），2003 年美国公映的一部家庭喜剧电影，由乔·费儒执导。影片讲述了圣诞老人为孤儿院的孩子送礼物，小淘气巴迪（Buddy）阴差阳错被圣诞老人背回了北极，在北极适应精灵族群的生活后，又回到纽约寻根的故事。巴迪在现实世界面临严峻考验，他努力与失散已久、素未谋面的父亲沃尔特以及一群新家人友好相处，但冷漠的人际关系让他必须做出抉择，是留下来改变这个情感淡漠的现实世界，还是回到那个熟悉却又让自己无所适从的精灵世界。——译者注

我们福泽深厚。我们不会争执，他们对我们会言听计从。我们与他们会进行深入交流，最终总能达成一致。他们会成为优秀的学生，杰出的运动员，受人喜爱，适应能力极强。从经济到政治，再到体育的各个方面，他们都会秉持我们的观点。

这一切听起来过于理想化。但我们就是这么想的，是不是？我将这种方式称为梦想家教育方式，这是最初阶段我们大多数人都曾幻想过的教育子女的理想模式。

随后，小淘气巴迪出现了。他爱每一个人，是所有人的朋友，即使这段友情于他并非是最好的选择。他爱笑，在任何情况下都不想有人因他而生气不悦，于是他急于取悦他人。他想每时每刻都和大家在一起，达成他人的一切愿望。

很多家长都像巴迪这样，愿意竭尽所能让孩子开心。我们把这种方式称为 BFF 教育方式（best friends forever，永远的挚友）。不管孩子做出何种选择，对家长采取何种态度，家长依然下定决心做孩子永远的朋友。二十多年来致力于家庭关系处理以及家长疏导工作，我多次见证了这种方式。

2005 年，我在印第安纳州中部地区的一个小教堂担任青年牧师。我热爱这份工作。我和家人在那里生活多年，留下许多美好的回忆。我还记得有一个家庭，他们家的孩子有的在读小学，有的在上初中，还有的在高中部就读。他们家积极主动地参加教会活动，他们的孩子会参加我们主办的所有活动，经常最早报名。这对父母总是第一个打开家门，欢迎参加活动的青年，或者自愿资助行程。他们热忱奉献，但却疏于管束孩子。我不是说这些孩子不好，毕竟他们只是孩子。年长的两个"天赐"性格狂放不羁。而在这些孩子触犯底线时，这对父母只是一笑置之。他们完全符合小淘气巴迪的方式，丝毫不差。他们从未对孩子说"不"，似乎将自己的孩子理想化，不肯相信这些孩子也会做出错误的选择，需要边界的约束。

在一次青年之旅活动中，这家的一个孩子参与了一起冲突事件。看似率真的少年行为演变成一段情节严重的痛苦经历，令其他几名学生心烦意乱。所有的事凑在一起，我不得不通知家长。这对父母不肯相信自己的孩子做了其他学生和成年人告发之事，甚至在其他旅行赞助者解释这一情况的严重性时，他们也不责罚孩子，确立健康有益的边界，让孩子保持远离危险的安全距离。随后他们说道："我们不想让孩子们怨恨我们。我们和孩子是相互理解的亲密朋友。我们不希望毁了这一切。"我简直无法相信自己的耳朵。

这对父母知道，很多家长像个暴君般管束孩子，导致与十几岁的孩子关系破裂。我可以理解他们，因为从某种程度上来说，我自己就是这样长大的。然而我还知道，有很多家长对孩子过分宽容。多年来我给予一些家长忠告，因为我已经看到 BFF 教育方式带来的危害。还有一些父母坚持自己的观点，他们表述了第三种教养方法，那就是巴

顿将军 ① 教育方式，或者称之为指挥官式教育方式。

第四种育儿方法与此类型密切相关，我将之称为导师式教育方式。一些家长利用一切事由进行训诫说教，但是导师的态度可能非常友善，这一点与指挥官式有所不同。

> 好吧，麦克，我的目光一直在追随你。你得说有些事我不赞同。首先，我和自己的孩子们关系融洽。他们尊重我，我也尊重他们。我甚至把他们当作朋友。所以，我认为影视剧《吉尔莫女孩：生命中的一年》以及《圣诞精灵》中的育儿方式不会承担什么风险。

我认为，大家能和自己的孩子建立起其乐陶陶（但愿能发展为健康有益）的关系，这事再好不过。我并无质疑这种关系之意，我很高兴家长与孩子能成为朋友。我并非是说《吉尔莫女孩：生命中的一年》中母亲罗蕾莱的梦想家方式，以及《圣诞精灵》中巴迪的 BFF 方式全是弊端，这些方式也有

---

① 乔治·史密斯·巴顿（George Smith Patton, 1885.11.11 ~ 1945.12.21），美国陆军四星上将，是第二次世界大战中著名的美国军事统帅。遇到战事时，他对上桀骜不驯，对下态度专横，处罚严厉。以他为原型拍摄的电影《巴顿将军》（Patton），是由 20 世纪福克斯电影公司于 1970 年出品的历史片，影片主要介绍了 1943 年在北非，英美盟军遭到绰号 "沙漠之狐" 的隆美尔元帅率领的德军反击，展开了一场大规模的战斗，结果美军遭到惨败陷入了困境的故事。主演乔治·斯科特因此获得了奥斯卡最佳男演员奖。——译者注

自己的优点。

不管你的孩子恪守边界，还是跨越边界，某些情况下，他们会需要你来建立并实施健康的边界。他们需要你为他们指引方向，引领他们，教会他们如何融入成人世界。即使最乖巧的孩子，也会时不时地跨越边界（任何从未验证过边界的孩子，都有可能存在消极怨怼的心理，最终在未来的某一天，或许无缘无故出现叛逆行为。他们的这些行为可能表现为消极对抗，也可能具有攻击性，可能表现为轻微扭曲的成年功能障碍，也可能在与老板、朋友、家人甚至完全陌生的人相处时有明显表征）。

我们来仔细分析一下这四种教养方式。

梦想家模式

罗蕾莱·吉莫尔似乎与自己的女儿罗莉之间建立起融洽的完美伙伴关系，父母与子女的这种关系类型一定存在，尤其可能存在于未来大家与孩子相处的关系模式之中。但就亲子关系而论，以理想化的形式憧憬未来，危险性极高。数不胜数的父母向我承认自己犯过这样的错误。他们全身心投入，寄情于不现实的希望。随着孩子日益长大，他们努力保护自己的幻象。但当孩子步入青少年时期，自己坚持的关于父母子女关系的观点，自己心中构筑的希望，甚至自己怀有的期待，都在大声宣告这一切戛然而止。

他们黯然神伤，喟然抱憾，勉强应对陌生的常态，还要支出购买拭泪用的面巾纸的开销。

约见这些父母时，我不得不完成一项最艰巨的任务，逐点逐年地帮他们去梳理层出不穷的错误片段，在这些片段里，幻象蒙蔽了他们对于父母与子女之间健康关系的认识，滋生了家中正在发生的悖逆事件。

我们都想做个成功的家长，不愿意失败。但是梦想家误解了成功教育子女的概念。成功教养的方式并非意味着与孩子的相处不存在问题，而是要求我们预估问题，用负责任的方式解决问题，有时甚至要硬下心肠处理问题。成功教养方式摒弃痴迷幻想，相反，这种方式要求家长认识这一现实，我们孩子的内心丰富多彩，却并不完美。在随后章节内容中会谈到，我们的孩子并不完美这一事实，远胜于任何"完美"的梦想，更有意义，更加美好。

BFF 模式

BFF 模式与梦想家模式密切关联。简单来说，BFF 模式可以解读为"不管发生什么，我都是你的伙伴！"。家长从不计较孩子的态度、言辞、行为，始终友好相待。父母所有的努力旨在让孩子开心。

在《圣诞精灵》这部电影中，有一幕场景完美地再现了这一方式。当小淘气巴迪的同父异母兄弟迈克尔结束了一天的课程，离开学校时，巴迪出现了。巴迪挥动手臂，大声呼喊，激动地跟在其身后，喋喋不休。迈克尔却突然让他走开，自己想一个人走。巴迪不明所以，继续尾随。迈克尔变得更加恼怒，恶语伤人。很明显，巴迪不计代价地想成为迈克尔的朋友，不计较他的回应多么粗鲁无礼。我看到这种方式出现在不计其数的家庭中。

我受到过家长的苛责，他们无法理解，为什么年轻的工作人员还有我，会因为他们的孩子在夏令营中欺凌他人，而责罚孩子。他们会这样辩解，"十几岁的孩子都会这么做！"我目睹家长默许孩子的网瘾行为，因为他们担心，如果自己不允许孩子房间里有电脑，孩子会心生怨怼，或者行为叛逆。巴尔纳亲子教育集团联合乔希·麦道尔协会于 2016 年进行的研究说明，年龄在 25~31 岁之间的成年人中，27% 的人在青春期前第一次浏览色情网站，部分源于家长几乎没有采用，或者很少采用网页浏览限制措施。大约 16% 的孩子说，他们每天都会看到色情文字图片，32% 的孩子每周都会看到这样的图片，23% 的孩子每月都会看到这样的图片。年龄在 13~24 岁之间的女性中，33% 的人每月至少会搜索一次色情文字图片。色情网站是男孩子和女孩子面对的问题，其主要获得渠道就是智能手机。[①]

准确地说，这正是我们家只添设一台电脑，电脑放在最

① 该调查结果出自《已发布标志性色情文学研究中的重大发现》，作者克里希·戈登，丁道尔基金会：2016.1.19。——原文注

开放地方的原因。我们家几个十几岁孩子的 iPhone 手机上没有社交账户，或者互联网账户，在晚上他们必须在我们的房间里给手机充电，这一点不容置疑。我不是他们的伙伴，我是他们的父亲。与保证他们安全，向他们慢慢灌输品行、正义、道德准则相比，我要让他们开心就显得不那么重要了。

尝试始终成为孩子的伙伴，忽视了孩子们需要一个生活榜样的需求。步入成年阶段后，他们不可能再认真地向我们寻求建议指导。从某种程度上讲，建立友谊的空间依然存在，但是实施清晰健康的边界才能教会孩子如何做个成年人。去年，我们在自己的播客上讨论了影响力的问题，我妻子说："我们不是在培养孩子，我们培养的是成年人！"[①]

BFF 方式存在危险性的另一个原因，在于其让孩子形成了不切实际的期望。在现实世界中，他们身边的权威人物不可能成为他们的伙伴。然而，孩子们生活在我们家中，我们有机会塑造这样一个角色，一个他们所期待的存在于现实生活中的健康有益的权威人物，即使在进行责罚之时，这个人也会深爱自己的孩子。

---

① 选自《目的明确教育子女》之第二部分《为孩子设置边界》，《一名收养家长的忏悔》，作者麦克·贝里，2016.6.2。——原文注

指挥官模式

通常情况下，家长们没能理解过分控制的危险，或者未能意识到他们已经陷入这种模式，如果他们的成长过程中，曾出现过采纳这种方式的家长，情况就尤为严重。指挥官不只是严格而已。巴顿将军喜欢掌控全局，发号施令，要求属下绝对服从，经常辱骂他人（"你怎么回事？"或者"你怎么能这样？"），还会贬损他人（"怎样的白痴才做……"或者"毫无道理"），刻板僵化地掌控全局。

正如我们先前所见，如果严厉的家长能将爱与边界有机融合，他们也可以成为具有影响力的家长。巴顿将军的父母或许也疼爱自己的孩子，但他们抑制了那看似"柔弱"的情感。司令官不能理解这一点，表达对孩子的**尊重**，在冤枉孩子时示弱求得谅解，这样才能赢得孩子的尊重。

1999 年公映的电影《处女之死》[1]，对我的教养观念影响颇深。故事讲述了 20 世纪 70 年代生活在底特律郊区五姐妹的故事。她们的父母里斯本夫妇是严格的天主教徒，严厉监管着

---

① 电影《处女之死》（*The Virgin Suicides*），美国 20 世纪 90 年代拍摄的一部家庭伦理电影，由索菲亚·科波拉执导。主要讲述了里斯本一家 5 个豆蔻女儿在青春期经历了失落与绝望后，最终自杀身亡的故事，剖析了父母过度保护酿成的家庭悲剧。——译者注

五姐妹，残酷地推行宗教条条框框，甚至将她们隔离在家。在最小的女儿自杀身亡后，父母加大了对女儿们的监管力度。邻居家的男孩子特里普，最终说服里斯本先生允许姑娘们参加返校节舞会，舞会后大女儿与特里普发生了关系，共度春宵，打破了宵禁令，第二天清晨才乘出租车回到家。里斯本夫妇完全崩溃，彻底锁闭家门。

家中的姑娘们就像笼中困兽，她们彻底放逐自我，做出种种冒险的举动，偷偷溜出家外，与成年及未成年男子胡乱发生性关系，万念俱灰。（剧透慎入！）由于里斯本先生无休无止推行隔离政策，五姐妹约定结束生命，最终全部自杀身亡。

观看这部电影的时候，我还是个 22 岁的大学生，当时我心痛不已。我无法理解这些家长怎么就不明白这一点，他们保护自己孩子的努力，正是将她们推入危险之境的助力。我认识很多这种指挥官式的家长。在过去的日子里他们频频犯下严重错误，给出的托词就是，"我不想我的孩子最终和我一样。"恐惧担忧催生了他们行动，使他们无视自己行为的现实后果。他们把孩子推离身边，促使孩子们强烈渴望逃离、叛逆，或者伤害自己。

我们会看到，无须掌控，大家也可以用健康的方式严格要求孩子。这会大大减轻你肩上的负担，而家长建立合理的边界，用慈爱付诸实践时，孩子们对此做出的回应也更加积极。

导师模式

我称导师模式为斯特里克兰先生模式。该模式虽与指挥官模式相关，但差异迥然。如果生长在 20 世纪 80 年代（或者碰巧像我一样痴迷老电影），大家会记起这部电影《回到未来》（ *Back to the Future* ）[①]。电影伊始，马丁·麦克弗莱有几次去拜访高中校长斯特里克兰先生，这位校长对他的拖延症大加呵斥劝诫。斯特里克兰先生是个强硬派，从不放过任何机会对人进行批评教育，指正纠错。

倾向于斯特里克兰先生模式的家长，利用周遭诸事进行说教或者给予指导。如果孩子在垒球场上五投四中，他们会充分利用驱车回家路上的这段时间，一直解释孩子原本可以怎样投球，就能实现五投五中，怎样让这一天过得完美。如果孩子问一道简单的代数题，他们会拿出白板，接下来会用一个小时的时间教怎样解方程。借启迪教育之名，他们打压了孩子的好奇心。总体来说，这种方法比指挥官式更温和，但并非一直如此。

---

① 电影《回到未来》（ *Back to the Future* ），20 世纪 80 年代拍摄的美国科幻喜剧电影，共有三部。讲述了布朗博士发明时光机器后被歹徒杀害，他的忘年交高中生马丁架着时光机回到了 30 年前，希望改写历史，救回布朗博士，重返当下的惊险故事。斯特里克兰先生是马丁的高中校长，为人刻板，喜欢说教。——译者注

这一方法引发的最大问题就是导师错失了与孩子建立心与心真正沟通的良机。孩子们提出问题，是因为他们爱我们，依赖我们，而不是因为他们需要上一课。

好吧，麦克，碰巧我的孩子喜欢有人教给他新鲜事物。

真的是这样吗？你问过他们了吗？问过他们是**愿意**听一小时的代数方程课，还是**更喜欢**拥有和父母一起解决问题的心心相印时光？请允许他们诚实地回答。

如果你倾向于指导，或许就会失去自己孩子的心。这种风险捉摸不定，可能待你发觉时为时已晚。如果现在就可以把握孩子们的倾向性，大家就能学会在教养孩子的方式上，更多地采纳举例说明，用慈爱之心接纳孩子，少些训诫。

💗💗 思考题 💗💗

1. 大家最想努力尝试的教养方式是哪种?

2. 这种方式对大家与孩子之间的关系的影响是好还是坏?

3. 与日渐长大的孩子相处,大家想要做的不同以往的三件事是什么?

第四章

打造全新的教育模式

克里斯汀和我都是奋发有为之人。我们秉持的信条就是，做事务必条理有序，不容分毫差错，假设条件、附加条件或者例外情况对我们没有任何影响！我们都天生擅长说教，部分源于我们都是在父母的训诫声中长大成人的。

童年时我的家里从没有清净过，辩论很快就会升级为吵嚷对战。我们都大喊大叫，据理力争到底。不单单只有训诫，那一次次的吵嚷对战总会伴随着辱骂和贬损。我常常会听到这样的话，"你到底有什么问题？""你是笨还是怎么回事？""怎样的白痴才会干出这种事？"我那颗敏感的心捕捉到的自我形象就是，我是一个傻瓜，一个失败者。

我们应对孩子错误选择的方式，向他们传递了一个信息，那就是我们如何看待他们。孩子人性挣扎时我们的反应，会在他们身上留下烙印，一直伴随他们到成年。我们或许有心帮助他们，但是羞辱性的言辞让他们无法明白我们的真心，他们便永远无法学会改善自我。

不久前，我的一个孩子因盗窃被当场抓获，你没听错，他在进行盗窃。这一行为被监视器抓了个现行，实际上这样的证据多到他的卧室都装不下。他曾在三家不同的店铺里偷过糖果，还把包装纸塞在自己的床垫下面。我们又生气又难堪又羞愧，不知怎么办才好。

我和妻子就此事展开讨论，思忖下一步的行动方案。我们都想对他大声呵责。出于本能想要施以训诫，让他知道羞耻，但我们知道这些方法都不能生效。想一想自己在成长过程中受到贬损的时刻，你会想做得更好吗？我父母的呵斥训诫对我毫无作用，只会让我找到有别以往的其他不良方式，装装样子，设法逃脱，或者保护自我。

孩子们已经坐卧难安。包括青少年在内的孩子们内心极为脆弱。他们尝试着想找到出路，应对这个纷乱复杂的世界，改变充斥内心的不安。对于那些通过收养进入一个家庭的孩子而言，情况更是如此。他们常常认为，自己就是失败者，因为自己的生身父母选择抛弃他们。他们的内心有个声音在向他们轻声重复这个谎言，他们一文不值，没有定性，无人收留。我的朋友们，那就是创伤发出的声音。

我们相信，我们的孩子美丽、聪明又有天赋，上天把他们设计得很完美。我们渴望对他们大声讲出这一颠扑不破的真相，压制创伤的影响。在辱骂孩子或者进行训诫时，我们就强化了谎言的作用。这可不是教育孩子改善自我的好方法。

在采纳指挥官以及导师教育模式的家庭中，辱骂和训诫就是教育孩子的绊脚石。在选择梦想家以及 BFF 模式的家庭中，也存在教育子女的绊脚石，诸如拒绝接受现实，生活在幻想之中，与现实脱节等。这些方式同样具有杀伤力，和吵嚷、训诫以及贬损没什么不同。当我们试图营造一个虚幻的完美家庭时，我们忽视了真正的问题和需求，这些才是需要我们加以解决的问题。当我们尝试成为孩子们的伙伴时，我们就无法给予孩子父母的引导，不能提供孩子亟须发蒙启智的有益边界。当我们这些父母选择梦想家模式，或者 BFF 模式时，我们为孩子奠定的立身之本并不稳固，而缺失的坚持真理和道德正义的坚定信念，才是孩子们必须夯实的根基。

那么，我们家长要做些什么？我们这些不完美的成年人，如何教育存在问题的孩子？我认为，最好的办法就是改变自己的教育模式，避免上述四种不健康的教育模式。

回归现实的梦想家模式

先前我们讨论过，家长很容易陷入梦想家模式，因为我们在踏上教养之路时，强烈地渴望事事处处皆对孩子有利。有些父母采取的积极行为伤害了孩子，而梦想家模式存在的问题

却是，家长消极回避自己的分内之责。我们一定是过于渴望将
完美的育儿画面变为现实，于是用幻想的内容自欺欺人，作为
家长没有明确的教育目标。

如何修正梦想家模式带来的问题？

正视现实的关系，拒绝伪装的完美

酷玩乐团（Coldplay）[①]有一首歌《谈政治》（*Politik*）[②]，
呼唤真实，拒绝虚伪。这些歌词成为我们家的生活座右铭。虚
伪不能长久，虚伪转瞬即逝，虚伪最终破灭。我们可以想一
想，廉价的高仿球杆根本无法和正品球杆相提并论。我们还可
以想一想，游戏结束真相大白天下之时，伪装的一切就无法延
续下去。演员在电影情景中演绎"现实"生活，电影演出结束
之时，他们还是要回到**真实的**生活。

在现实世界中，我们需要真实，我们与孩子的关系需要
真实。我遇到众多幻想家式的家长，我把他们唤醒，"吉尔莫
母女不是生活中的真实人物，他们只是电视剧中的演员！"

[①] 酷玩乐团（Coldplay），英国摇滚乐坛进入新世纪之后崛起的最受欢迎的摇滚乐队之一，他们秉承了英式摇滚乐队一贯的 Britpop/Alternative Rock 英伦风格，成为英国新一代乐队中的杰出代表，囊括了格莱美奖等多项音乐大奖。——译者注

[②] 歌曲《谈政治》（*Politik*），选自酷玩乐队的专辑《突发奇想》中的单曲 1，2001~2002 年录制，百代唱片公司。——原文注

我们必须让自己回归与孩子相处的真实现状，不要再伪装我们或者家人生活的幻想状态。面对实际生活中的困难，以及现实关系中复杂多变的因素，坦然接受，诚实应对，才能修正梦想家模式存在的问题。

宁选有意义的杂乱，拒绝伪装的有序

我们生活在图钉网（Pinterest）[①]以及照片墙APP（Instagram）[②]盛行的时代，为了方便世界各地的人访问浏览，用户的全部生活都在网上详细地进行时间标注。貌似完美的社交媒体沟通，令浏览者因比较而感到自己的生活差强人意。就在昨晚，克里斯汀和我坐在杂乱的饭厅，距我们不远的地方堆满开了封的箱子，我们谈论起一个问题。有很多家长在社交媒体上将自己的生活伪装成井井有条的状态。他们想让世人看到自己有多优秀，而其他人却在教育子女的路上踽踽而行。但我们都知道这一事实——他们的真实情况并非如此。

数年前，我们也曾把自己伪装起来，而这样做只能加深

---

① 图钉网（Pinterest），堪称图片版的 Twitter，是全球最大的图片社交分享网站，网民可以将感兴趣的图片通过该应用进行保存，其他网友可以关注，也可以转发图片。——译者注
② 照片墙（Instagram），一款运行在移动端上的社交应用 APP，允许用户在任何环境下抓拍下自己的生活记忆，一键分享至 Instagram、Facebook、Twitter 等多个网络平台。——译者注

自己的欲望，加重自己的孤独感。当我们悦纳自己家中杂乱无章的状态时，我们的教育子女之路开始变得更有意义。八个收养的孩子中有几个孩子需要进行有效的特殊护理。其他家庭的孩子是由母亲诞生到世间，而我们家的孩子完全不同，他们的培养教育过程复杂棘手。但对我而言，虽然那些完美的场景不胜枚举，与我家的情况迥然相异，但其中的任何一种都无法与我家的生活相提并论。因为我们的生活需要探索未知，有时还要敢于冒险，所以这种生活意义深远。社交媒体将我对家的情有独钟解释为以苦为乐，我很喜欢这种说法。我百分百是这种人。

轻重并行的 BFF 教育模式

BFF 模式与梦想家模式二者关系密切。和梦想家模式相似，这种模式消极回避家长的教育之责，因此具有危险性。这种模式不希望改变当下轻松的状态。仔细想一想你所拥有的友情，以及你与其他成年人、所属大家庭的其他成员，甚或与配偶之间的关系。这些关系的建立，一定程度上源于给你带来的轻松感。我们和朋友在一起时感觉很轻松。朋友丰富了我们的生活，让我们心情愉悦，这正是朋友的本分。一段友情会时不时触礁，于是双方不可避免地要进行摊牌，这真令人头疼。通常情况下，身边若有个好伙伴就可以填补我们心灵的空窗期。

但是尝试成为孩子的挚友并不是有益的选择，因为在孩子形成性格的那几年，这种方式规避了健康有益的边界和引导。爱的更高境界会允许我们成为孩子的朋友，这种说法并没有错。我们有很多机会与孩子建立朋友式的关系。本书随后的章节将详细谈及这一点。诚然我们需要充分把握机会与孩子沟通交流，积极主动地进行互动。我们主动倾听他们对周遭世界的看法，倾听他们的观点。我们和十几岁的孩子一起坐在咖啡店里，他们讲述学校中发生的疯狂事件，他们认识的人在照片墙网站上发布了荒唐可笑的帖子，我们一起开怀大笑。环坐在饭厅的餐桌旁，我们在就餐的过程中彼此开着玩笑。从某种意义上说，在这些时刻，我们与孩子享有的关系处于朋友的层面。但我们的首要原则是为人父母，而不是做孩子的朋友。我们不能打着友谊的幌子，牺牲边界意识以及引领指导。

心存慈爱，拒绝伙伴关系

对于父母而言，爱的形式多种多样，尽管孩子对有些形式会暂时心有抵触。事实上，孩子喜欢我们的那段时间，我们就能和平相处；而在其他时候，我们不得不做出一些决定，有可能会令孩子不开心，却对他们大有裨益，这就是我们爱的表达方式。

大家可能听说过严厉的爱这个词。或许你现在教育子女时就需要给予他们严厉的爱。尽管这个词具有贬义色彩，但我希望每个人都能理解，严厉的爱就是有益的爱。健康的教育方式需要这种爱的形式，有时在践行边界以及引导孩子时，我们就会体现出严厉的爱，尽管成为孩子的伙伴会让我们感觉更轻松。

做好家长，拒绝同伴身份

在生活中的某些时刻，你可以与孩子像同伴一样进行交流，但是通常情况下，你的首要角色是他们的家长。作为一名青年牧师，我培训过成年人小组的负责人、旅行资助人，还有心灵导师。我授课的一个核心原则就是，学生需要的不是一个伙伴，而是一位导师。他们需要的不是一个挚友，而是一位向导，这个人会帮助他们解决一件事，那就是如何生活。他们怎样才能适应社会？他们生活的目标是什么？他们天赋的使命是什么？他们正期待着你这个成年人帮助他们指明道路。作为家长的身份也是如此。我们的孩子需要的不是一个同辈，即使这种身份会让他们感到很轻松，他们需要的是一位家长。

心平气和的指挥官模式

梦想家式以及 BFF 模式中的家长都忽略了自己的职责。相反，指挥官模式中的家长行有不当，辱骂孩子，控制孩子。

如果你也是这一类的家长，不必自责不已。作为成年人，我们都知道要承担责任，还未做到退后一步，想出更健康有益的方法引导他们，常常就已将成年人的期望投射到自己孩子的身上。

我们如何平复指挥官的情绪？

心生慈爱，勿轻勿贬

大家情绪失控，怒火中烧。我明白，我也会有这种感觉，而且有很多次还发了火。在失控之前，你已经就某件事向孩子反复讲过多遍，也制订了方针，清楚概述了后果，实施了边界。然而还是遇到了同样的情况，他们又把事情搞砸了，所以你会有采用嘲讽、训诫、辱骂策略的冲动，因为这些策略会有效果。这样做是不是能确保你达到目的？或许可以，但是要付出什么样的代价？

我知道，当我的孩子走到妻子和我面前时，他们认为自己又失败了，自己成事不足，大家都嫌弃自己，自己不配得到别人的关爱，对此他们深信不疑。你的孩子或许也无法摆脱这种自卑感。我们轻视他们犯下的错误只会强化这一点。该是调整我们的方法，让爱心发挥引领作用的时候了。我们一定要继续巩固成果，顺其自然，因势利导，不过我们可以善用慈爱之心来实现这一切，而不是采用嘲讽或辱骂的方式。

每年在全国各地举办的子女教育培训课程中，我都会讲授这一主题，听众中几乎总有人要求我举例说明这一点。在和孩子说话时，大家要注意自己的语调及肢体语言，这一点至关重要。不妨问问自己，现在在用何种口吻说话？这会引起孩子产生何种感觉？和他们交流的方式是什么？大家很容易受情感操控做出反应，恶言恶语相向。然而，告诉孩子做错了事时，你没必要提高音量。实际上，在和他们讲话时保持镇定自若，这样更有震慑力。

补充一点，大家要注重所用言辞的质与量，如果能做到言语精炼，一语中的，这种感觉会引领我们继续顺畅地交流。

保持同步，不能超前

不管孩子是犯了错，还是把事情搞砸，在他们汲取教训时，我们都会主动选择与他们保持同步，而不是超前引领，把他们变得只知服从遵守。这样做会是什么情况？倘若我们选择身教而不是言传，会是什么情况？我们有必要摈弃这种老观念，"按照我说的做，不要等我做到了你才肯做。"这种教育方式并没有好处。我们必须通过榜样示范来鼓励教育孩子，尤其在他们犯错误的时候。

适可而止的导师模式

和指挥官模式一样，导师模式中的家长同样行有不当。

何不在训诫时尝试改用健康有益的方式？我需要提醒大家，如果你是被训诫的人，如果换用更加亲密的沟通方式对你的帮助更大，此时你有何感想？你会觉得自己一团糟，别人看不起自己，无视自己的存在。

我们的孩子需要亲密的沟通方式。他们想确定我们真正重视他们的存在。他们不希望自己每做错一件事，就会招来父母的一顿训诫。有几个孩子被我们收养前生活得很艰苦，他们努力获得认同，努力相信自己的重要性。如果我诉诸训诫的办法，遇到每件事都给他们上一课，那么我就会拉大我们之间的距离。

如何才能叫停自己的导师角色？

仔细观察，不要训诫

我们常常过分强调家长的导师地位，于是我们无视孩子的内心世界。我们有必要叫停这种做法，在我们又想给他们上一课之前，先去观察他们的内心，问问自己：他们属于哪类人？在这个过程中谁能体验到快乐？投入时间去了解自己的孩子的家长能有几人？孩子们的存在价值是什么？他们的梦想是什么？他们如何看待周遭的一切？他们做出选择背后的原因是什么？导致某种行为的实际原因，与我们的想法并不总是一致，我们应先去倾听，去了解，而不是急于下结论，做到这一点后，我们或许会得出截然不同的评价。最近，我十六岁的女儿遇到些麻烦，我们觉察到，事情的起因是她在社交平台上发生的某件事。克里斯汀和我商量了一下，决定她应该接受什么样的跨界结果。但当我们和她一起坐下沟通时，却爆发了一场持续数小时的争论。结果是她越争辩，我们的态度越强硬。事态持续发展，直到我们听到一件极为重要的事情才发生改变。于是我们在倾听时更关注她所讲的内容，给她机会解释自己的观点，用心聆听她的话（对于强势的人来说，做到这一点很难）。我们发现，我们对所发生事件的认知，与实际情况不相符。当我们留出空间让她解释，认真倾听时，才发现了这一点。请理解我所说的含义。当孩子做出错误选择时，家长进行责罚这一点很有必要，而且行动要快。但是我们还需要留出些时间，探究孩子们的所思所想，在确定跨界后果前要先倾听，用心聆听他们的话。

有意识地选择与孩子建立亲密沟通，绝对不是消极逃避责任的托词。而是积极地选择正确的方式。这种方式有别于他人传授的内容，也不同于令人感觉轻松愉悦的方式。正如我的好朋友杰森·莫里斯所说："不要选择辱骂、训诫、纠错，而是持续不断地观察孩子优秀的一面，因他们而心生欢喜，无条件给予他们关爱，这样做的收效一点也不比积极履行父母职责差。"基于本人的亲身体验，我可以告诉大家，对于家长而言轻而易举就能做到这一点。

批评孩子会加深他们业已形成的自我认知。自我批判、缺乏安全感以及负疚感，这个来自黑暗世界的行者总是如影随形。但是通过观察、怡悦、慈爱、关爱的方式，我们就能帮助孩子抛弃这个来自黑暗的过客，建立起恰如其分的信任与沟通。

要说"我爱你"，舍弃"你怎能这样？"

"你怎能这样？"或者"你怎么想的？"，厉声说出这些话就是在贬抑孩子。我们的孩子可能不知道如何作答，我们必须意识到，他们或许是心不在焉。很多孩子冲动任性，甚至到了 20 多岁还是这样，要知道这是自然发展过程。或者说，如果你的孩子和我的孩子的**症状**多少有点相似，或许他们大脑中负责推理的功能区由于创伤受损，或者处于休眠状态。在大脑的其他功能区，胎儿酒精谱系障碍（fetal alcohol spectrum disorder）[1]还会对大脑前额皮质的执行能力造成永久损伤。基于上述原因中的任何一条，孩子的大脑完全无法像成年人那样进行推理，而这时我们可能误认为他们在撒谎。所以我们还是对孩子从宽处理为好。当他们把事情搞砸时，我们要说："不管怎样我依然爱你。"我们要用爱的行动强化言语的效力，因为行动胜于言语。

[1] 胎儿酒精谱系障碍（fetal alcohol spectrum disorder），指妊娠早期严重酗酒者所生下的婴儿，具有乙醇中毒的中枢神经系统损害，智力差、体格小、畸形多、具有特殊面容的一组症候。——译者注

如何处理过去犯下的错误

由于过去你与孩子相处有过失败经历，所以遗憾之情可能萦绕不散。我告诉大家，不要再自责不已。你是个凡人，你我都会犯错，有时还会错误百出。或许你更认同梦想家式、BFF 式、指挥官式或导师式教育模式，于是心生愧疚。或许源于对孩子的真挚情感，或者孩子带来的挫败感，你诉诸辱骂或者训诫的手段，想让孩子牢牢记住重要的事情。或许你过于被动，或对孩子太过放纵，错失立场坚定地引导孩子的良机。你一定不要放弃希望，和我一起坚持下去，我们一定会有收获。生活就是学习的一生，今天你就会有一个全新的开始。

如果以上讨论的这四种方法，都无法让我们与孩子之间的关系维系长久，不能指导我们的生活，那么何种方法可以奏效？与孩子相处时，我们怎样才能做到揭示真相与给予关爱毫不冲突？

答案就是运用行之有效的教育方法，这一内容在后面的章节中进行探讨。

♡♡ 思考题 ♡♡

基于大家的喜好以及教育子女的方式，选择最匹配的内容，完成下面一至两道练习。

1. 梦想家式家长：与孩子的关系中存在不尽如人意的内容，请你列出几项。选择其中一项进行规划，怎样你才会接受这一现象，甚至可以利用这一现象来建立健康有益的现实关系，不再构筑不切实际的幻想。

2. BFF 式家长：规划一次与孩子的谈话。告诉他们你有多爱他们，解释清楚自己在他们生活中发挥向导、权威人士作用的重要性。

3. 指挥官式家长：请你列出自己与孩子的交流用语，让孩子明白家长的关爱与认同。比如说，"那件事一定伤害了你的感情"，或者说，"我依然爱你，我会一直爱你"。这些话每天复习一次，于是这些话语就会在需要使用时浮现在脑海之中。

4. 导师式家长：将你观察到的孩子优秀出色、欢乐美好的一面记下来。写一张鼓励孩子的便条，告诉他们这些内容。

WINNING
THE HEART OF
YOUR CHILD

第二部分
赢得孩子的心

第五章

树立父母对孩子的影响力

要点一：融合关爱责罚树立影响力

　　我的妻子和她母亲关系融洽。她们每天都电话聊天，有时会聊几个小时，聊子女教育，谈教会，说婚姻，诉时事，论政治，讲烹饪，言假期安排，一应事宜均有涉猎。有时我无意中听到她们的欢声笑语和没头没脑的谈话，会让我觉得克里斯汀正和一位闺蜜聊天，随后才发现对方竟是岳母。她们之间无话不谈，这件事过去常让我紧张不安。现在我已经将岳母尊为我们养儿育女旅途中最大的支持者，我们的家长。她曾是教会工作人员，现在又成为作家、演讲家。

　　克里斯汀和她母亲现在成为密友，但她们并非一直都是这样。在克里斯汀上小学那几年，当她步入青春期时，她的母亲可不是罗蕾莱·吉尔莫，也不是小淘气巴迪；既不是巴顿将军，更不是斯特里克兰先生。教育子女的四种错误方式，她都没有应用。她是位**很有影响力**的家长。关爱、引导、友爱、责罚兼而行之，彼此毫不冲突。边界高筑，践行起来从不犹疑动摇。她明白一点，有时只有在风平浪静的气氛中，只有在家长孩子达成共识时，家长方能展现出自己对孩子强烈的爱，即使当时掩饰这份爱令人痛苦难耐。

我妻子在家排行老大，我也是。我们都曾跨越边界。她说年轻时的自己是"一个很难对付、强词夺理、顽固难化的孩子"。有一天她告诉我高中时发生的一件事："妈妈和我一起吃午饭，度过了一段欢乐的时光，我们相谈甚欢，叙谈往事，对着三明治店柜台后那个笨手笨脚的男孩咯咯发笑。她就像一个朋友。她总是为我还有我的兄弟姐妹们腾出时间。她感兴趣的是我这个人、我的内心所想，以及我曾是什么样的人。"

"她知道怎样做家长。当天晚上我去看了一场主场橄榄球赛。我家的宵禁令是十一点整，而我十一点二十五才到家。我母亲一直在等我。她心平气和地就事论事，'你去哪儿了？'我耸了耸肩，她又说，'宵禁令是晚上十一点，你回来晚了。'

"我争辩说只不过迟了二十五分钟。但她坚持说：'宵禁令就是宵禁令。这个周末你禁足。'她就说了这么多。她没有训诫，没有嘲讽，也没有教我表的计时功用。她说的时候平心静气，仅此而已。她坚持这种惩罚方式。我们中午度过的愉快时光，并没有让她放下作为家长的责任。我搞砸了事情，所以她教训了我。我十分尊敬我的父母，他们在边界问题上从不妥协。"

哦，先说到这里，我们思考一下。写到这一段，本书的编写便可结束。我只需说："这么做就可以了！"但大家会给我发邮件，说些污言秽语，谴责我欺骗大家花钱买这本书，所以我还是接着写吧。

我妻子继续解释，在她成长的过程中，很多朋友的家长很像罗蕾莱·吉尔莫、巴迪、巴顿将军，或者斯特里克兰先生，用梦想家式、BFF式、指挥官式或者导师式的模式教育子女。时隔二十多年后的今天，据她所知，这些朋友中没有一个人和自己的家长建立起健康深厚的关系。她给我讲了一个高中朋友的故事，朋友家里允许她行事随心所欲。"伙计，我当时真嫉妒她，"克里斯汀说，"她可以在外待到很晚，去谁家都行，从不会遇到麻烦。那时我常想，**做她那样的人一定不错**。这似乎是我的梦想。"

但那不是梦。那位朋友的家长最终离了婚，家庭四分五裂。缺乏边界意识的家长必然会陷入更多的麻烦之中，这都是爸爸妈妈面对其他问题时的附带产物。缺乏边界的教育方式，对这位朋友形成深刻的影响，对此克里斯汀已经明了。

这位朋友的父母没有实践行之有效的教育子女方式，他们与此脱节，误导子女。相反，克里斯汀的父母颇有影响力。

有影响力的父母知道如何捕捉沟通的机会，如何设立清晰的边界，坚守边界。他们懂得在需要他们最大程度上影响孩子之时，将关爱、与孩子沟通、健康边界以及责罚兼容并举。就像建立了一道防护栏，健康的边界允许偏离正道，但同时设定了远离危险的安全距离，允许父母一定程度上做出妥协。健康的边界让孩子成为一个自由的个体，与此同时让他们远离危险，保证他们的安全。

作为一名青年牧师，我和很多孩子进行过交流，他们说过这样的话："我父母不介意我几点回家，他们不介意我的朋友是谁，他们不介意我起床多晚，他们不介意我看什么内容的电影，或是浏览什么类型的网站。"出于林林总总的原因，这些孩子常常对自己的父母感到失望。但是，我反复听到的关键一句是，"我的父母不介意。"这些父母的关爱发展到了何种程度？是充分发挥了父母的影响力这一最伟大的天职，还是对孩子温情脉脉直到灾难降临？

有影响力的父母深深关注自己的孩子。他们愿意把握时机加深关系，鼓励孩子，塑造孩子。他们还利用这些时机承担起家长的责任，引导孩子，建立起健康边界，实施责罚。克里斯汀的母亲在一天内同时完成了这些事，与女儿共进午餐，一起纵情欢笑，强化边界意识。她没有陷入理想化的关系幻象，任其模糊自己的视野。她并不担心如果自己对明显跨界的行为实施责罚后果，克里斯汀会不再喜欢她。她的爱不带情绪化，坚定不动摇，带着这份爱，她对事情进行了合理裁定。

我们都想成为有影响力的家长。但这一点要求我们学会施加影响力时选定正确的方式，选择适当的时机，能够体现慈爱。慈爱与责罚之间应达到健康平衡的状态，让我们用全新的思维方式看待自己与孩子的关系，借由多次试用的无效方式，帮我们确定那样做会导致的结果。

第一个要点可能是家长需要理解的最关键之处。作为家长，自然会对孩子产生影响，但是怎样做才能称得上有影响力的家长？

相信自己的影响力

当我告诉家长他们能够影响自己的孩子，甚至可以影响青少年时期的孩子时，许多人都在摇头。他们完全不相信这一点。可能是流行文化或童年经历在他们的思想中扎根过深。但我们一定要相信自己的影响力。我相信你会拿起这本书，是因为你想要学习如何赢得自己孩子的心。在这世间，奋力掌控自己生命和灵魂的一切事宜，都会令大家心生惧意。我理解大家。我会一直陪伴左右。但我想提出一点质疑，如果你不相信自己能影响孩子的生活，那么本书的后续部分内容就失去了意义，一切内容源于此点。我知道"相信自己"是老生常谈，但这句话却依然有着积极的意义。你一定要相信自己被赋予的一切，就是为了在最大程度上建立起与子女的关系。

从长远视角考量

大家一定要将自己对子女的教育视为一项长期投资。在第十五章中会进一步讨论这一点，但在这一部分也是重要的关注点。投资若干年后，你开设的退休或者大学教育存储账户并未达到成熟阶段，不能得到全额分红。在教育子女之路上行走多年之后，大家也同样不能看到影响力的最终成果。今天，克里斯汀和她妈妈之间的关系深厚亲密，但这段关系的形成经历了二十年。不管你的孩子年纪尚小、步入青春期，还是上了高中，大家现在的作为都会为他们的余生留下不可磨灭的印记。

牢记自己的宗旨

数年前，我有机会去田纳西州纳什维尔市，和虚拟导师（virtual mentor）① 以及领导力专家迈克尔·海蒂共聚一日。在吃午饭时他说："不知为何行事，就会迷失方向。"我们不知道自己当下行事的原因，我们已经忘记自己的宗旨，这时我们就会迷失方向。在我们的教育子女之旅中这是不刊之论。作为一名青年牧师，我们遇到过许多悲愁垂涕的家长，他们因为十几岁的孩子疏远自己而心烦意乱，记不起自己曾有过的激情。一定要记得，大家之所以踏上这条旅程，就是因为热爱自己的孩子，希望最终将孩子培养成品行正直的人、在世间留下不可磨灭印记的人。

---

① 虚拟导师（virtual mentor），随着知识共享网络的发展，某个领域的专家可以通过互联网或知识管理系统进行授课，通过 Twitter、博客和类似 Quora 和 GitHub 的问答网站与学员进行互动，这些专家被称为虚拟导师。——译者注

专注当下

展望未来，期许未来，但要关注当下。大家对投资要从长远角度考量，但不要沉醉在"具体某日"的幻想。我们有时会想，在那些不胜其烦的时期，诸如给孩子换尿片、打车带孩子出行、应对孩子回嘴，如果我们做到了这一点，那么我们就会步入一个黄金时代，与孩子和平相处，相互理解。但当我们对未来抱有执念时，却在当下错失良多。每个新时期都会带来全新的挑战。准备度假时，我不得不整理拖车里满满的婴儿用品，此时我终于还是没能做到这一点，我不得不开始提醒孩子们，把他们放在货箱里的破烂清理走。关注当下这一阶段，关注孩子们当下的状态。

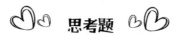 **思考题**

1. 大家可以采用何种实用方法，来把握作为家长的最佳机会，用积极健康的方式真诚关爱孩子？

2. 回想第三章和第四章中描述的不健康的教育模式。这些模式中你最容易犯哪一种？大家怎样做才能将慈爱与责罚有益融合，以改变自己过去使用的方式，赢得孩子的心？

第六章

影响力最小，也能赢得人心

要点二：理解悦纳影响力发生"位移"

这一年来，我在国内（全美）巡游，有时克里斯汀陪我一起去，为从事子女教育的团体组织进行演讲，内容包括领养和寄养要关注的问题、发挥父母影响力、精神层面谈家长角色等话题。我热爱旅行。最近一次为期八天的行程中，我离开家乡印第安纳波利斯，去往西雅图、丹佛、科罗拉多州的布雷肯里奇，回到丹佛后继续前往科罗拉多州的科泉市，再回到丹佛，最后回到老家印第安纳波利斯。喔！就这么打字都觉得累。

最后我乘飞机离开丹佛准备回老家，筋疲力尽，染上了风寒。我脑海中构想这样的画面，我走进家门，年幼的几个儿子从客厅跑出来，和我扭作一团。我还看到我的几个女儿抱住我，听到他们诉说对我的思念。万幸，当时是夜晚，周围的乘客没有人看到我傻傻发笑，没看到我潸然落泪。一切果真如此，当晚我走进家门时，我的小男子汉们和我美丽的姑娘们都来欢迎我，脑海中转瞬即逝的整个场景，现在发生在现实世界。

因为最终这一相遇的场面，结束跨越全国的行程回到家，是我最期待的时刻。如果你现在有了年幼的孩子，或者曾经有过，可能会有和我相似的体验。这是家长最珍爱的时刻。我们还喜欢和孩子们一起玩闹的时光，虽然有时我们可能因此感到筋疲力尽，那些家庭主妇或者家庭主夫对此感受尤深，但大多情况下这是美妙时光。在孩子生命早期阶段，我们就是他们的世界。孩子九岁或十岁前，他们什么事都想和我一起做。他们上学时一整天想的是我们，他们想要倾诉当天所发生之事的对象是我们。他们犯了小错、感到害怕、遭遇挫折时，都会来找我们。

在孩子生命的精神层面、知性层面、情感层面，大家的话语影响力最大，这要归因于大家在孩子生命中的核心地位。关于周遭的一切事宜，年幼的孩子都是从家长那里寻得答案。作为成年人，现在我们想一想自己的生活，问问自己，我现在所做之事，哪些是自己父亲或母亲做过的？我敢打赌，大家能说出不少。这就是父母的影响力。我们中有些人在精神层面享受强势的生活，原因在于自己家长的影响。有些人节约花销，原因在于他们的父母非常节俭。还有人模仿自己的父母，拥有强烈的工作责任感，或者追求成功的强大动力。在孩子最初的十年中，他们留心家长所说的只言片语，想要成为像父母那样的人。孩子未来的性格特征以及决定未来的头等大事，都由家长在此期间塑造。年幼的孩子认为自己的父母可以上天揽月摘星。在对孩子有影响力的人物榜单上你位列榜首：

1. 家长；2. 其他成年人；3. 朋友；4. 文化。

紧随父母之后的是其他成年人，比如学校的老师、少年棒球会教练、主日学校①的老师、隔壁邻居、祖父母或者叔叔阿姨。位列第三的是朋友，例如附近住的朋友和同学。最后是文化。我们的孩子喜欢迪士尼的演出和动画，但其中任何一种也不会对他们形成深刻影响。当然，我们一定不时听到动画片《海绵宝宝》②中的某条语录，或者出自某部电影的一段台词，但这些并未反映出改变生活的重大影响。

位居榜首感觉很棒，是不是？我们成为孩子心中的第一名，我们热爱与孩子在一起的生活。随后孩子长到十一二岁，

---

① 主日学校（Sunday school），指英、美诸国在星期日为在工厂做工的青少年进行宗教教育和识字教育的免费学校。兴起于18世纪末，盛行于19世纪上半期。我国的基督教教会也开设了主日学校。——译者注

② 《海绵宝宝》(SpongeBob SquarePants)，一部1999年公映的美国电视动画片，故事情节主要围绕着主角海绵宝宝和他的好朋友派大星、邻居章鱼哥、上司蟹老板等人展开，场景设定于太平洋海底，一座被称为比奇堡的城市。2005年1月30日，该片荣获第32届安妮奖授予的"最佳TV动画制作奖"。《海绵宝宝》的同名角色及主角，是一个黄色长方形海绵，其身体构成如同清洁用海绵。——译者注

或者十三岁时，似乎一夜之间我们的影响力就发生了位移。

在名为《青春期及父母的影响》（*Adolescence and the Influence of Parents*）的一篇文章中，卡尔·E.皮克哈特这样解释道：

孩子极为密切地观察父母，从未间断地评价父母，这一点在很大程度上被父母低估。出于高居长位的虚荣心，父母更愿意相信他们最了解孩子，或许这才是最佳选择。否则的话，从他们自身角度考量，从不间断地被孩子洞察言行，或许会使父母变得过于敏感。

然而，从童年进入青春期，再步入青壮年，孩子评价父母的判断要点会发生改变。少年时期的孩子多将父母理想化，青春期的孩子多批判父母，青壮年的孩子多理性看待父母的教育。我们谈谈这一切发生的机理。

孩子（长到八九岁）钦慕甚至崇拜父母，因为他们拥有做事的本领，拥有表达认可的权力。孩子想要按照父母的方式进行沟通，享受父母的陪伴，尽可能模仿父母。如果大多数情况下某些成年人得到他人的积极评价，那么孩子就希望自己成为那样的人，希望得到他们的喜爱（假设与他们一起生活时，他们不具有破坏性或者危险性）。孩子与父母保持一致，因为父母提供了供其效仿行事的模式。所以，孩提时代对父母的评价起初过于理想化。通常情况下，父母最初的形象太过美好，让人很难相信这是他们的真实形象，至少在很长一段时间内情况一直如此。①

请注意，作者用了**理想化、钦慕、崇拜、模仿**这些词汇。如果大家教养的孩子正处在这一年龄段，或者如果大家已经经历了这一阶段，可能就会知道事实确是如此。

影响力发生位移

在青春期，这一排序发生了变化，让大多数的父母大吃一惊。某天晚上上床休息时，大家还在对孩子具有影响力的人物榜单上位居首位，第二天早晨醒来，却发现一切已经重新洗牌。

1. 朋友；2. 文化；3. 其他成年人；4. 家长。

发生了什么？你困惑不解，或许还有些惊慌。可能你会向上帝哀叹，向朋友哭诉，自己的小男子汉、自己的小姑娘哪里发生了变化。他们再也不会在门口欢迎你。他们不会想要一直和你在一起。他们正在倾听其他人的声音。

① 本文摘自《青春期与父母的影响》，作者卡尔·E. 皮克哈特，登载在《当代心理学》，2010.10.8——原文注

孩子长到年近十岁，到了上初中或者高中的年龄，通常就会发生这一情况。突然之间，朋友就是一切。家长告诉女儿她的装扮和她不匹配，她穿的鞋子会感觉不舒服。她会翻个白眼，冷冷一笑，因为她的朋友说这套装扮看上去**很可爱**，每个人都**想拥有**那双鞋子。这种现象发生在各种较量的场合，比如音乐、电影、文化、俚语（或许还有其他人讨厌使用 LOL、IDK、TTYL 这样的缩略语），内容涵盖孩子世界观的方方面面。当影响力发生**位移**时，朋友一跃转变为最具影响力的人，文化突然具有了更大更多的影响力，随后才是其他成年人的影响。最后，垫底的第四名，才是诸位家长，你们是将这个挑衅顽固的家伙带到世间的人，或者说通过寄养或收养，选择将这个孩子迎入家中的人。

皮克哈特博士还说道："步入青春期（9~13 岁开始），家长被踢下自己的宝座。在这些孩子的童年时期，家长做的事都对；到了青春期，似乎变成了家长做的事都不对。什么原因导致这种突然跌下神坛的现象？是父母们发生了变化吗？不是，但是孩子们变了，这是有原因的。"[①]

不幸的是，在这一时间段中，许多家长放弃努力，置身局外，或者关闭心门。他们意识到有些事发生了变化，于是得

---

① 本文摘自《青春期与父母的影响》，作者卡尔·E. 皮克哈特，登载在《当代心理学》，2010.10.8。——原文注

出这样的结论，让他们家十几岁大的孩子听话，这种努力尝试毫无作用，或者孩子会关注其他所有的人事物，就是把家长排除在外。通常在这一时间段中，由于绝望，家长们升级到BFF 模式，尝试成为自己孩子的伙伴，或者转投指挥官模式，控制孩子的一举一动。他们或许想要牢牢握住梦想家对于完美家庭的理想化幻想不放手，借此哀悼自己那难以实现的虚幻梦想。有些家长转变为导师模式，训诫孩子是家长影响力位移后做出的反应。再不然，如果以上提到的某种方式没有生效，他们可能会转而改用他法。

发现自己的排名屈居末位时，家长做出的自然反应，可能会是感到恐慌、无助，努力挽回局面，或者过度操控。但是大家会忽略一个非常明显的事实：**大家依然在榜单之上!**

仔细看看。在这里，你的排名是第四名。没错，你的排名下跌，现在孩子的朋友似乎都比你的影响力大得多。孩子的内心充斥着缺乏忠诚概念的文化。可是你的话语仍然具有影响力。

在这一阶段，大家很容易举手投降，如果家庭战争频繁爆发，情况尤为如此，你很容易认为自己错失了与孩子建立健康关系的良机。克里斯汀和我多次陷入这种境地。事实上，当下我们恰好和大家处在同一战壕，我们在教育家中的两个青少年。我们尝试过多次，犯下许多过失，但大部分错误是无心之过，借此我们了解到前文提过的一个重要事实：**在孩子的生命中，父母的话语仍然最具影响力。**不管大家是否同意，这是事实。这一点不容易观察到，但是孩子还在从父母那里获取生活的提示。他们似乎做什么事都受朋友的话或文化的影响，似乎经常忽视甚或避开你，但孩子还是静静地倾听你的话，他们的生活仍离不开你。某一天，他们的理念会与你的理念如出一辙。

但父母的话语并不是**唯一**的声音。大家一定要发自本心地承认这一点，甚至心甘情愿地接受这一点。实际上，在教育过程中做到这一点会让大家受益无穷，下一章节会讨论自觉扩大孩子影响范围的智慧。但在当下，我们还是考虑一下，大家步入这一阶段时不当为之事，还有当为之事。

排名末位时的行为须知

顺利度过这一教育阶段并非不可能，我敢保证。我撑过了这个阶段，许多其他的父母也都做到了。事实上，不只是撑过这一阶段的问题。当下我们与青少年时期的孩子建立的这种关系，会在未来获得巨额收益，这一点也与这一阶段密切相关。第二部分来谈谈帮助大家度过这一阶段的有效战略。

一觉醒来意识到自己的影响力发生位移，大家应该注意以下几件事：

1. 不要惊慌失措。 我知道大家也不想这样。我知道大家忍不住屈从于下意识反应，但一定不要这样做。请记住，这只是一个阶段，未必就会为孩子的余生定性，或者决定大家与孩子的关系。

2. 不要成为梦想家。 关于家长的角色以及家长与孩子的关系，不要陷入幻象，不要走入理想化的误区。

3. 不要试图成为孩子永远的朋友。 在过去十七年时间里，向我咨询的家长数不胜数，这些家长常常迎合自己的孩子，试图与流行文化的影响一决高下。这样做并没有实效。

4. 不要成为指挥官。 在惊慌失措的阶段，大家或许会变得格外严格强势，要求绝对守规矩。而大家需要的是建立健康的边界，适应十几岁孩子的边界有别于适应年幼孩子的边界。违规后果必须进行讨论。

5. 不要成为导师。 如果觉得很难顺利解决，你很容易会默许利用所有的事进行说教。这样做带来的危害，就是将孩子推走。说教应当有，但要明智地选择时机。多数情况下，说一次即可，然后不再提及。

那么，影响力发生位移时应该采取什么策略？以下是解决问题的六大重要策略：

1. 坚持到底。 从居首位一落垫底，这时的经验法则就是稳扎稳打。手握方向盘，眼睛直视前方，坚持到底。不能表现出精神崩溃（或者只能在其他成年人面前表现出来），不要诉诸前文提及的那四种无效策略。

2. 要引导不能强制。 现在大家有机会引导十几岁的孩子，进行教育，树立榜样，展示出坚定、慈爱、镇定的风范，用慈爱进行引领。他们可能经常不愿听取你说话的内容，但在他们内心深处，他们会收藏起其中有价值的建议，大家一定要设定跨界的后果，这样做没错。有必要责罚时就要责罚，但是通常情况下不要太粗暴。

3. 留给十几岁的孩子做自己的空间。记得，十几岁的孩子也有自由的思想，可以自主决定。大家有必要给他们留出呼吸的空间。不要成为专制的家长，追踪他们的一举一动。家长应接受甚至鼓励他们发现自己的路，并设定边界，留出足够的空间让他们发展健康的个性。

4. 保持边界。即使大家有必要给十几岁的孩子留出空间，这也并不意味着可以将边界或者家规抛掷一边。轻慢无礼还是不能容忍的，选择错误也不能纵容。或许需要调整一下已经设定的边界，更好地适应这一新年龄段，但是保持边界至关重要。

5. 找到支持团体。我尤为赞成这种方法。大家需要定期和两三个家长见见面，将自己因十几岁的孩子发生的各种事件而积蓄的情感宣泄出去。面对孩子，大家一定做出一本正经的表情，所以需要一个支持团体作为宣泄出口。

6. 悦纳第四名的排名。学会在第四名的位置上安之若素。大家的确无法选择这种情况的发生。在孩子十几岁大的阶段，务必接受孩子的影响圈会不断扩大。在教会要尊重、支持活动小组负责人或者青年牧师，他们同样可以讲出你准备告诉孩子的真谛，但是收效更佳。十几岁的孩子不愿听家长的话，却对其他成年人的话做出积极回应，听到这种事对你很残忍，但这些人就是上帝派来的同盟军，他们会让你和你的孩子获益良多。

♡♡ 思考题 ♡♡

1. 你如何应对发生影响力位移这种变化？如果已经度过这一变化期，你曾如何应对已发生影响力位移这一现实？对于你做出的本能反应，有何建设性的方案？

2. 如果你的孩子目前所处阶段尚未发生影响力位移，大家可以确定一两种方法，并为此做好准备。

3. 哪些因素会妨碍或者可能妨碍你坚持与孩子好好相处？大家如何应对这一问题？

4. 大家采用何种方法，才能从其他家长的支持中受益？支持你的可能会是哪些人？

第七章

扩大对孩子的影响圈

要点三：扩大其他声音的影响力

我过去常常带领高中学生小组，参加在密歇根举行的为期一周的夏季会议，在我们教会负责的会议中，出席这个会议的学生人数最多。它对学生生活的影响力旷日持久。每年六月我们都会开着公交车，带着这群精力充沛的学生出发。他们都期待着精神层面的转变，以全新的思维方式来看待自己的生活。返程后，他们都做好准备，彻底扭转世界，正如我们过去常说的那样，"为上帝燃烧！"他们的心充满了仁爱慈悯，关注身边的同龄人。

学生与成年监护人之间发展关系，对他们更为重要。事实证明，由成年人负责小组的日常事务至关重要。每一年的情况都是如此，周一上午我们离开教会时，学生成群结队聚在一起，这是大家可以想象的场面。一周后我们返回教会，就看不到学生三五成群聚在一起，在公交车上，孩子们更愿意和某个成年人坐在一起进行探讨。这真是一个神奇的场景。

2003 年夏天，即将步入大二的学生布兰德利，很不情愿地来参加教会活动，这是他第一次加入。有几个朋友说服他来试一试，我想或许是某个漂亮的女孩子影响了他的决定。布兰德利的生活发生了改变。纵使他们全家人都来我们教堂做礼拜，在情感上来说，教堂、信仰、人际关系这些内容，于他还是生疏的字眼。那年夏天发生了一件事，他随后把它取名为大"马士革路的邂逅"，他真正面对面遇到了耶稣。他与乔建立了深厚的情谊，乔是他参会期间小组的成年领队。布兰德利发现乔和自己的童年经历相似，于是返回家后他希望乔为他施行洗礼 ①。这是乔首次施行洗礼，令他激动不已。

然而，到了第二周周日，事情就发生了变化。布兰德利告诉乔，自己的父母要推迟他接受洗礼的时间。激动化为失望，他的热情开始消退。他知道，在随后的时日里自己还可以接受洗礼，但是如果成年人与孩子的看法全然不符时，孩子的

---

① 洗礼（baptize），不仅是正式加入基督教教会的仪式，也是个人悔改与信心的表示，是将自己奉献、交托给耶稣基督的决定性的一步，而且是"罪得赦免"接受圣灵的证明。洗礼的主礼者一般为神父或牧师，由父母、教会小组负责人，或者其他辅助者为受洗者祝福祷告，服侍活动。——译者注

精神会瞬间崩溃。

几天后，布兰德利的父母出现在我的办公室，因为孩子做出让乔为他施行洗礼的决定，他们心碎难过。我完全糊涂了。

"我们对乔没什么不满意的，"布兰德利的父亲解释道，"我喜欢他。多年来他一直是我们的朋友。只是……我们一直认为我们会是为孩子施行洗礼的人。我们一直是一家人，一起读《圣经》。我们确信孩子知道，我们一直会陪伴他们，帮他们解决任何疑问。我不明白为什么他会向乔寻求答案，而不是我。我的意思是说，我应该是在精神上影响自己孩子的人，是不是？"

我认同地点了点头。之后我放松他们的警惕心，"你们两个人的话可能对孩子的生活影响最大，但并不是唯一的选择。"

"不，"布兰德利的母亲回答道，浑然无知，"我们蒙召成为在精神上影响孩子的主要人选。我们刚刚研读了《圣经》有关内容。"

"没错，"我答道，"你们是主要人选，但并不是唯一人选。"

我向他们解释了影响力会发生位移，言明他们需要看到，由其他关爱孩子的成年人为他们儿子的生活灌输真谛，这一点意义重大。

这是本章内容的核心。当我们的影响力地位下跌的时期，在影响力发生位移的阶段，我们要不断自我调整。我们心中形成强烈的欲望，想要努力控制孩子，命令他们行为得体，成为他们的朋友，从而试图赢得自己的孩子。但这些行为只会在大家与孩子之间开凿出一道鸿沟。事实上，有时还会招致无可挽回的伤害。我说过，我自己和几个十几岁大的女儿也处在这一时期。就在今天早晨，我十五岁大的女儿还对我翻白眼，和我争论。我不得不提醒自己，在她的生活中，我的话并非唯一有影响力的声音。

如果大家突然醒悟，了解到这一残酷的现实，你会做些什么？放大其他建设性意见的影响，就能在孩子的生活中拓展影响圈。赞美那些人，鼓励他们，支持他们。向每一位教练、宗教小组负责人、老师、隔壁邻居、叔叔阿姨、主日学校老师、童子军的小队负责人①、青年牧师、家教、导师、朋友，向所有关爱孩子，对孩子的生活给予希望的人，致以谢意。

宽泛影响圈的构成

宽泛的影响圈这一概念对你来说或许还很陌生，但请想一想你身边所有富有爱心的人士，上帝派驻他们来到孩子的生命之中。一定不能对他们的影响不加理会。他们并非要去抵制或对抗你的竞争者。你不可能为孩子安排好一切，你需要同盟军帮忙。如果抵制其他善意的声音，孩子所需的那些有价值的

---

① 童子军（Scout），美国最大的青少年组织，成立于 1910 年，据估计超过 1.1 亿美国公民是童子军的会员。该运动的目的，是向青少年提供他们在生理、心理和精神上的支持，培养出健全的公民，最终目的是将来这些青少年可以为社会做出贡献。童子军的具体活动由成年服务者管理负责，称为小队负责人（troop leader）。——译者注

声音和思维方式，就会被你忽略。

　　扩大其他声音的影响对孩子极其重要，我也是一段时间后方才认同这一观点，我有意邀请其他有爱心的成年人，和我一起就孩子的生活发表意见。但当我步入这一阶段时，我才发现自己多么需要他人襄助，向孩子强化我要传递的信息。就在不久前，克里斯汀和我发现，在孩子的生活中形成一个更为宽泛的影响圈，这一点至关紧要。我们有一个十几岁大的女儿，收养前曾度日维艰，导致她与我们之间的关系较为紧张。我说得很轻松，事实上当时我们饱受煎熬。即使在过去的几十年里，我一直以青年牧师的身份对青少年进行引导，从事教会工作这二十年来，我为数百个家庭提供咨询服务，十多年前，我就教育年长的两个女儿度过了青春期的阶段，但假如这一切重新来过，我仍然未做好充分准备。事实上，这种感觉很无助，我发现自己常常不堪重负。女儿和我们的好朋友约翰和尼克尔一起待了几天之后，情况终于发生了变化。约翰和尼克尔不仅是我们的挚友，更像我们的兄弟姐妹。定居在印第安纳州以来，我们一直亲密无间（到今天已有近二十年之久）。他们养育的几个孩子，和我家的孩子同龄。由于他们同样在抚养收养孩子，所以我们踏上了相似的教育子女之路。尼克尔了解到我们和女儿正在发生摩擦，就选择了合适的时机，在自己家里向我女儿灌输真谛。事实上，数月来我们一直在向女儿讲述同一内容，但是这次终于在她的生活中产生了共鸣。女儿回家时心生歉疚，对自己之前所做的事情有了清晰的认识。女儿听从其他成年人的话，他人的影响胜于我们，对此我们既没有危机感，也没有挫败感，我们心生感念。我们殷殷盼望，在孩子的有生之年，他们的生活中会出现其他有影响力的声音，这一直是我们的梦想。

我的意思并不是说，我们不会因某件事反复纠结，我们不曾和孩子发生过摩擦，我们依然还有很长的路要走。但我们把尼克尔纳入扩大的影响圈，她仅用一个小时的时间，就完成了我们数月来一直试图与孩子沟通的任务。在我们看来，这就是一次教育子女的胜利。

我们不可能独自完成教育子女的任务，在与文化、孩子的朋友的影响进行较量之时，这一点尤为重要（这些影响未必都不好。因为自己不理解，你想要谴责文化，指责孩子的朋友时，一定要记得这一点）。要么努力让孩子听从自己的话，要么选择与其他劝说者合作。你会选择哪一个？

在《教养儿女，力所不及》一书中，乔纳和纽沃夫指出一个不容忽视的事实，这一点父母需要领悟："不要理会教育子女处在哪一个阶段，有一点我们可以向你保证，你和自己的孩子需要另一个成年人出现在孩子的生活中，出现在你的身边，这一刻一定会出现。"[1]

他们使用了"需要"一词，我很欣赏。因为这是一种需求，而不是一种愿望。我们不可能大小事宜都与孩子意见一致。在

---

[1] 选自《教养儿女，力所不及》：62页，作者乔纳，纽沃夫。——原文注

和我们谈论生活中深层次的问题时，孩子可能感觉不轻松。这没什么大不了。如果他们愿意打开心扉，你要想方设法创造机会去倾听。我们仍然需要为孩子留出时间，出现在他们身旁，愿意倾听他们的话语。但是，如果他们转向他人，一定不要觉得孩子冒犯了自己。我们能做到这一点，就是一次胜利。自己的儿子选择向宗教小组负责人讲述他心仪的姑娘，乔纳将此事归结为儿子不希望把这件事告诉自己的父亲。对于乔纳来说这并非易事，这件事可能会让他沉浸在悲伤的情绪之中。但是乔纳说，自己的儿子"不仅仅需要一位家长，他还需要其他人，这个人关心他，又不用对他负责。他还需要其他人说出家长会说的话，但又不会给他制定规矩"。[1]

当他意识到儿子有这种需求时，在允许其他有爱心的成年人在自己的儿子身上投入心血时，他寻得了内心的平静安宁。

如果有更多的家长开始形成这种意识，我相信十几岁的孩子与家长的关系，会不知不觉地踏上一条有别以往的路。布兰德利对于自己所在小组负责人乔的需求，与乔纳儿子的需求大同小异。我希望布兰德利的父母已经发现这一点，十几岁的孩子需要自己相信的其他成年人提出建议，提供思维方式，进行引导，他们的话与父母所言相似，但却不像父母那样具有权威。

年纪大些的孩子需要一位**导师**，不是一个伙伴，而是一

---

① 选自《教养儿女，力所不及》：63页，作者乔纳，纽沃夫。——原文注

位向导。生活似乎无法掌控之时，生活毫无意义之时，我们的孩子或许会听某人的话，这个人绝非你我。对于许多十几岁的孩子而言，这就是每天的常态，这就是为什么 BFF 模式育儿方法很危险的原因。认为自己充分满足孩子此种需求的父母，忽视了上帝给予的方法，那就是让其他灯塔为孩子指明道路，帮他们穿越风暴，避开礁石。

拥有自己的信仰、自己的理念、自己的信念的意义，我们的孩子正在探索。其他成年人帮助他们找到自己的路，这大有裨益。最近，我们十七岁的女儿开始约会。自三岁起就被我们收养的宝贝，突然独自一人和异性外出，我们感到有些不安。但我们有信心她有可靠的助力，因为她告诉我们，她一直和自己所在教会小组的负责人交谈。知道还有其他有影响力的声音在她的生活中灌输道理，这个声音虽然不属于我们，却秉持了我们的价值观。我们可以安心入睡了。

再一次声明，如果你正因为过去的失败而自责不已，一定要就此打住。我们都失败过，教育子女就是不断汲取教训，无休无止。我们都不得不学习新概念、新原则。我们都需要走入阳光之下，不是此刻就是彼时，还可能是生活在黑暗中多年之后的某个时间。这不仅仅适用于教育子女，这就是生活。

扩大影响圈的途径

你怎样才能更好地扩大孩子的影响圈？

1. 扩大有益声音的影响。选择或者支持那些生活中正直诚实的人，那些严格遵守道德准绳的人，那些锲而不舍坚持信仰的人，那些有爱心、愿意倾听而不苛责评判的人，那些不会偏袒某方，干涉家庭事务的人。他们智慧通达，能指点孩子用健康的方式进行思考，应对生活。确保有影响力的声音健康有益，要尽职尽责地加以核查。

2. 扩大改变自己内心的声音的影响。虽然他们的影响可能不像家长那样具有权威性，但是要选择那些价值观与自己相符，对孩子的期望与自己一致的人。作为一名青年牧师，我常常会结识自己学生的家长，尤其是那些加入我所在小组的孩子家长。我想知道他们内心的想法，以及我的学生内心的想法。我不曾否定过一位家长。你的孩子生活中是否出现过这样的人，他对孩子的想法与你的内心想法相契合？

3. 支持为孩子建立小团体。在我还是青年牧师的时候，我们把大部分的资源投入到训练装备小组负责人这件事上，这些人会在初、高中学生身上倾注自己的激情，对他们进行指导。如果你所在的教会或者信仰社团，对小组负责人不能抱以厚望，该是你换个教会的时候了。我之所以对此直言不讳，是因为这就是此处讨论的孩子的心声。

4. 支持强化家长对社团的需求。我一直笃信，要与思想相近的人组成的广泛团体保持联系。克里斯汀和我有八次之多的教养子女经历，我们认识到，收养之路有别于寻常情况。因为我们有几个孩子先前经历过创伤，所以我们要应对的问题，大多数家长无须应对。因此，大多数人不能理解我们因何选择自己的教育方式。我们发现，加入一个成员真正相互理解的社团，这一点至关重要。我们依赖他们，在他们那里收集信息。你需要和那些理解你的教育模式的人建立联系。如果你是一名基督教徒，和真正信奉基督教的信徒社团保持联系。

扩大其他声音的影响力，受很多因素影响。除了宗教场所，你的圈子可能还会涉及其他成年人，可能是教练、老师或者家庭成员。一定是慎重地对每一个人进行评估。

思考题

1. 关于扩大其他声音的影响力，你最初有何想法？你对此是否认可？这一观点是否让你感到纠结？为什么会发生这一现象？

2. 你曾怎样扩大其他声音的影响力？怎样拓宽影响孩子生活的圈子？或者你计划怎样实现这一点？

3. 拓宽影响圈获得的最大好处是什么？

4. 有爱心的成年人可能加入这个圈子，为拓宽孩子的影响圈，请写下他们的名字。

第八章

时不我与，敬时爱日

❦

要点四：明智地安排时间

两三年前，我受朋友之约出席一次假日晚宴，为印第安纳州中部地区一所高中的行政管理人员以及教练进行演讲。会方提出的唯一要求就是"演讲要具有挑战性，鼓舞人心"。

我能做到，我这样认为。

然而，时间日益临近，我发现自己很纠结，我要说些什么内容？我写了又删，删了再写，再把信纸团成一团，丢入垃圾篓。我在家中的办公室里踱来踱去。甚至向朋友求援，提出更多与听众有关的问题，了解教练、老师、学校管理人员的情况，询问此次聚会的目的所在。

这一情况持续了数周之久，直到距晚宴只剩几天的时间。

我焦虑不安。在此之前，我只面对家长进行过演讲，所以这是一次挑战。当我纠结于该说些什么内容时，我常翻看自己的电子日历。每次这样做时，我都会自言自语，"我快没时间了。"

最终击败我的正是**时间**。

时间所剩无几，我认为。时间飞逝。不久这些老师、教练以及管理人员会看到，他们照顾的学生永远离开了他们。这就是我需要谈及的内容。我决定向他们提出质询，是否明智地利用余下的时间，是否理解自己对学生的影响力，是否最大限度地利用每一天的时间。

我用橄榄球赛进行类比，对教练来说这是个好方法，他们理解比赛时间。橄榄球比赛每场足有四节。时间足够用，对吧？大多数教练不会在比赛伊始，就全神贯注于倒计时管理（虽然好的教练还是会关注时间）。甚至在衣帽间半场休息时，很多人会认为时间还很充裕。他们选择战术，制定计划，激励队员更努力地打比赛，抑或改变比赛战略。

但是一旦第四节比赛开始，他们不得不关注倒计时，利用现有的每分每秒的时刻到了。是时候做好防御，迫使对手进攻，三分出局，这样就轮到他们发动进攻，把球抢回来。他们要聪明睿智，最大限度地利用最后的机会，因为再不做出反应，比赛就要结束了。最后几秒钟即将结束，时间来到永远载入历史这一时刻，无法重新来过，没有第二次机会。

我向观众提出质询，他们是否最大程度利用与学生相处的时间？观众中有很多人曾是运动员，我敦促他们利用每一次机会向学生进行灌输，教导并引领学生。最为重要的是，我概述了自己的要点，他们要竭尽所能地实现影响力最大化。

这也是我对诸位读者提出的质询。作为家长，你与孩子共处的时间确实不多。但是看着自己刚出生的儿女，你会认为时间并不是问题，至少现在不是问题。我们中几乎没有人真正认真思考过时间正在飞速流逝。

我们的父母对克里斯汀和我讲过，你们的父母或者经历过这一阶段的其他父母，或许也对你说过，"时光飞逝，不知不觉间孩子就长大成人了，要送她上大学了。"但是你错失了时光，没有给予重视。我们也曾属于这种情况。

可以将家长归入两大类别中的一类。他们或者在提前准备八年之后的高中毕业事宜，希望尽可能地与孩子度过分分秒秒，或者认为一切为时尚早，他们没必要因为错失与孩子共处的机会而忧心忡忡。

2002 年，我们刚出生的大女儿躺在摇篮车里熟睡，我们没想过自己与她在家中共度的时光如此短暂。2003 年我们开设了一个大学基金账户，当时我们的理财顾问甚至就此事警告过我们。

彼时的我认为，**我还有好几年的时间！**

孩子上初中时情况怎样？我对时间的问题甚至毫无概念。到了高中又是什么情况？我们大脑的雷达还是没有检测到问题的紧迫性。上大学似乎还是几百年之后的事情。

转瞬间，女儿大学毕业两年了。

对父母而言，不去思虑遥远的未来，这再自然不过。对待三岁就开始和我们一起生活的女儿，我们的所作所为便是如此。但是，感谢脸书的回忆页面①，某一天一张照片跳了出来，八年前我们的两个女孩身着公主裙，去参加父女亲情舞会。在我的印象中，这一切去年才发生。

的确，时间就这么快。现在她们两人上高中一年级。我现在在打第四节的橄榄球比赛，身处最后的紧要关头，我终于关注到倒计时了。我要确保分秒必争。我无法重返那个日子，无法早早结束工作，去参加女儿在卧室举办的茶会，周围到处都是填充动物玩具，还有芭比娃娃。我无法让时钟倒转，无法抓起我的棒球手套，和儿子在侧院抛球，玩到夕阳西下。

感谢上帝，在那段时间的现实生活里，这些事我都做到了，所以我并未背负太多的愧疚感。但是回想那段时光，会激起我对光阴如梭观点的认同感。

如果说时间日渐流逝，那么可供我们与孩子共处的时光就很有限。我们该怎么做？我要建议大家，从孩子出生或被收养那一刻开始，你就要转换思维方式。随着孩子的成长，长到十来岁，上了初中高中，你还要秉持这样的观点，这一点至关

---

① 脸书回忆页面（Facebook Memories），创建于 2004 年 2 月 4 日的脸书（Facebook）网站，是美国用户最多的大学生在线社交网络服务网站，它将用户所有的有纪念意义的时刻整合到一个方便的地方，这个地方在手机和桌面版中被称为回忆页面（Memories）。——译者注

重要。理解思维方式的转变，与前文提及的理解影响力位移同样重要。这可以根本扭转你与孩子的关系格局。

集聚美好时光

我的一个儿子喜欢和我们一起去商店，我的意思是他酷爱这么做。如果听闻即刻要去商店，甚至只是去买牛奶或者给车加点油，他也会跳起来，跑到前门和我们一起去。一路上他总能帮帮忙，为我们带来欢笑。

一段时间后我才意识到，和我们一起出行他乐此不疲。我并不反对和儿子一起去，我只是没想到和他共度这些点滴时光如此重要。当我终日在一所教堂工作，每天离开家八至十个小时的时候，我错过了许多与孩子共度的时光，在公园漫步，练习橄榄球，一起做晚餐，在后院嬉闹，听他们聊聊学校的日子过得怎么样。有时一天下来筋疲力尽，心力交瘁，终于回到家时，我不仅是一个经常忙于工作的父亲，更像一具行尸走肉。我厌恶自己的那种状态，却无力改变。我在外工作的最后一段时间，大概在五年前，我的工作更加繁忙，较之于先前十三年的事奉更加耗费心神。我在一所声势衰微的教堂任职。教会领导层以及会众中存在诸多问题，正在借裁撤员工来减少经济损失。无论从哪个方面来说，怒火中烧的人频频叩门，名副其实地频频叩门，为一位受人敬爱的成员猝然离世的原因讨要答复。管理层私下里做出的决策相对而言还算明智，但却未能进行良好的沟通。为节省设备费用，大楼里的所有部门停止业务，数不清的会议让我身心俱疲。我的承受力到了极限。

进入一月，我开始频繁地查看日历，憧憬四月可以休假一周，把行李放进我们十二座的车厢，开车向南到达佛罗里达州，把一切抛诸脑后。如果我们玩得开心，就可以不急于回到现实生活中来，我们甚至可能在那里待上两周。在那些冬日的夜晚里，我颓然倒在办公室里，我会瞥向日历，开始想，**我现在要牺牲留在家中的时间，倾力工作，待四月到了佛罗里达州，我就能和家人共度美好时光。只剩下三个月了，就会迎来丰厚的回报。**这就是我当时的情况，我就这样不停地工作工作工作。

但是我的计划遇到了问题。我陷入工作之中的时间太久了，牺牲了与家人共度的时间，对我而言，很难在度假期间摆脱工作。事实上，我们准备前往南部时，克里斯汀和我们的一个女儿不得不告诉我**关闭手机**。哦！当我们到达我们的度假屋时，我感觉自己似乎与家人全然不相识，尽管我们共处一个屋檐下。

瞧，我用数月的时间推进工作，连续数小时数日数周进行工作，只为了一个目的，那就是和家人在佛罗里达州共度美好时光。但是我错失了所有陪伴孩子的时光。我一直在牺牲那些看似无足轻重的微时光，在女儿演算算术题时陪坐在她身旁，做完作业洗完澡后一起度过电影之夜，一起去邮局寄出邮件。

我错误理解了美好时光的真正含义。放个长假固然不错，但我未能意识到日常生活中的微末时光不可或缺。那些时刻就是黄金时刻，可以聚少成多。

乔纳和纽沃夫指出："作为家人，长时共处，或者良辰美景非你所求，积聚美好时光才是正道。"[1] 在度假期间，我们牺牲了多少陪伴孩子的时间？去度假时我们是否了解孩子的状况？

一定要牢记积聚美好时光的重要意义，汇聚无数微末时光，陪伴孩子，倾听他们的心声，把他们视为我们的伙伴去理解他们。在我生命结束之时，我希望自己回首往事，可以这样说，我了解我的孩子，因为终此一生我对他们关怀备至。

你可能想知道，**我家十几岁大的孩子，他们似乎任何事都不愿意和我一起做，更别提对我言听计行、倾心交流了。他们是什么情况？**每次我进行演讲或者写作，谈到尽可能留出时间与孩子共处这一话题时，我都会听到这个问题，这是很多父母需要面对的巨大挑战。但是问题的答案很简单，那就是用强力胶带把他们捆绑起来，推到自己的车里，强迫他们和你一起出行，告诉他们："这段时间你要和我待在一起，否则你别想回家！"

---

[1] 选自《教养儿女，力所不及》：135页，作者乔纳，纽沃夫。——原文注

当然，这是个玩笑。我们都知道这样做不会奏效（在美国诸州中多数认为这是非法行为）。

真正的答案在这里：你一定要重新调整自己的期望值，改善与自己十几岁大的孩子的关系，至少在某一时间段需要这样做。

尽可能留出时间陪伴青春期的孩子

克里斯汀和我清楚认识到了这一点。我们知道这一时期过得多么艰难，因为我们和你身处同一战壕。我们也在尝试解读孩子的心情，他们翻白眼的动作，他们的极端情绪，试图与他们建立起正常关系。

过去，不管我们去哪里，我十五岁的女儿只要和我们一起开车出去就会兴奋不已，在她四岁的时候，我们曾认为这种状态一生不变。现在她步入青春期，涉及政治、信仰、时尚潮流，有关泰勒·斯威夫特在照片墙上发布的帖子，对于她数学老师说过的可笑俏皮话，关于未来某天自己是否想结婚，她有了自己的想法。总结为一点，她成长为一个年轻的成年人。她不再玩芭比娃娃，主持茶会招待玩具动物，或者身着迪士尼公主裙，穿过卧室游行。我那颗为人父的心，总渴望昨日重现，但那些时光却被封存在过去，只能存留在我的记忆中。她是个思想自由、聪明机敏、头脑冷静的青少年。她不再像过去那样需要我或者她妈妈。这一点完全可以预见得到，再自然不过。

那么，如何充分利用与青春期的孩子共度的时光？

1. 调整自己的期望值。 事实上子女不再是个幼稚顽童。不要期望十五六岁的孩子像个小学生那样与家长进行沟通，家长子女彼此间的互动交流自然也有所不同。他们自愿和我们一起做些杂务，现在已经是不可能之事。我们却还期待他们每次都能参加某些家庭活动，要求他们节假日以及生日聚会务必到场。我和妻子理解女儿宁愿看《美少女的谎言》，也不愿意和我们一起处理杂事，她对此不感兴趣。一定要调整自己的期望值。

2. 坚持用理性思维做出回应。 当孩子拒绝和你一起完成某件事时，很容易滋生家长的挫败感，如果这个孩子以前总是黏着家长，这种感觉尤为严重。数年来彼此几乎不曾分开过，度过影响力发生位移的那段时期，对家长而言是种煎熬，我们很容易凭个人臆断做出不同以往的反应。最终我意识到，女儿回绝的并不是我，她回绝的是自己不感兴趣的事，就是这么简单。同样的情况，我儿子并不排斥和我在一起，他只是不喜欢那个不出售火轮车的商店。我们都爱孩子，我们柔弱的内心可能凭个人臆断加以回应，而这件事与自己全然无关。认真考虑一下与孩子年龄阶段匹配的事情，他们的兴趣爱好以及优选事物的变化。

3. 从他们所处的阶段出发进行沟通。 这样说并不是要家长转而成为小淘气巴迪，做孩子永远的朋友。这句话的意思是，你愿意踏入孩子们的世界，倾听他们的心声，即使自己并非全然理解他们的推论，或者流行文化中的暗语。我的女儿和数百万其他孩子一样，密切关注着轰动互联网的人物，关注YouTube 视频网站，以及照片墙 APP 的视频博主杰克·保罗。简而言之，关于杰克·保罗的一切，她就是一个行走的图书馆，然而我不关注这些。不过我现在对他有了更多的了解，因为在我开车送女儿去学校的路上，她把那个人耍的花招统统告诉了我。有时我会提几个问题，有时我就是倾听，根据她的反应做出回应。我永远不会成为杰克·保罗的粉丝。但我是女儿的粉丝，我密切关注她是怎样的人。我喜欢了解她内心思想的一切内容，所以，在她谈及杰克·保罗或者任何其他事情时，我都调整频道和她保持一致。我拥有接受邀请走入她的世界的特权。我把握一切给予我的机会，基于她当下的水平进行沟通。不管何时何地，把握给予自己的机会。

4. 把握微末时光。倘若我们更多的时候愿意睁开双眼，辨别眼前发生的一切事物，会发现我们与孩子共处的微末时光俯拾皆是。我告诉自己这一点，也是在告诉大家。或许你已经认可，自己十几岁大的孩子最想避免的就是和家长单独相处。不过，孩子尤其需要这样的时光，只是你没有充分意识到。在不确定的情况下，一定不要快速跟进自己的假想。没错，要尽可能多地营造那些意义重大的时刻，那些精心设计的共聚时光，但是集聚点滴时光同样意义非凡。长大成人的孩子会频频谈及那些微末时光，与那些人生大事不相上下。某一个夜晚，孩子出乎意料地让我们哄他睡觉，机会便不期而至。大家不要担心，我们当时把握了良机。

5. 保持情绪自控力。当自己的孩子似乎不按常理出牌时，一定不要反应过激，变得强势。甚至那些不容乐观的时刻，可能就是关爱孩子的机会，为孩子现在的本有面貌，以及未来可能的发展状态而赞美他们。家长做出回应时要友善平和，满满的感恩之心。注意自己的语气措辞，在子女关系库中积累自己的存储值，你以后会用得到。

不开口就永远不知道答案

前文曾提及快速跟进自己的假想。当十几岁大的孩子不再起身迎接我们，不再赞美我们福泽深厚，当她的脸上不再现出那种"老爸说得对"的崇拜之情，我马上举手投降，得出结论：她对我失去兴趣。但是这个复杂的年轻人，这个有思想有情感、能自主决定的人，解读她表现出行为的方式林林总总。不幸的是，我们中有很多人仅凭孩子的喜怒无常，便认为孩子厌恶自己。从童年时期到长大成人，我的孩子只是身陷人性的旋涡无法脱身，试图想出解决生活难题的方法。但是因为我的不安感，我将这一切问题归咎于自身。我有必要回忆过往时光，我也曾是喜怒无常拖着鼻涕的小孩子，当时我也让父母误认为自己厌恶他们。你现在面对同样的问题。我们的孩子或许只是某一天过得不开心。但如果我们急于盖棺定论，便永远不能扭转这种关系。大家知道吗？这种情况不会发生。

一定要记得这一点，你的孩子试图想清楚，在这个光怪陆离一团混乱的世界中，自己要成为什么样的人。不要计较他们的情绪，继续追踪他们的脚步，不要顾虑自己衍生的想法，或许你就会得到不一样的结果。动用新手段或老办法请他们和自己在一起。他们这样做时，给他们一个惊喜，停车到星巴克坐坐，或者买个冰淇淋。他们可能不会感谢你的邀请，但是如果你不先开口，就永远不会知道孩子的答案（或者推动关系的发展）。

几周前，我为一次为期十天的巡讲绞尽脑汁，为多场演讲预约做好准备。准备内容以及制定计划让我忙得焦头烂额，日出前就早早起身，孩子们入睡后才回到家中。在这段时间里，虽然我会看望孩子们，但次数屈指可数。一天下午，十多岁的女儿从学校回到家中时，我计划去联邦快递印制数百份小册子和胸牌。我们聊了几句，我随口问她是否想跟着来。在经过一天漫长的学校学习后，我真心希望她会回绝，但出乎我的意料她同意了。瞬间的措手不及后，我一把抓过需要的材料，和她一起离开家门。

我女儿对和我一起去联邦快递根本不感兴趣，她待在车里，听着音乐，给朋友们发信息。但在我们开车返程的路上，我们聊了很多。谈话的内容不能改写地球的命运，但我们聊了一个小时之久，这件事本身意义非同寻常。

积聚美好时光，家庭永远是头等大事，当我们安度微末

时光时，做到这一点尤为重要。在你与孩子的关系中，这一点
事关全局，会帮你赢得他们的心。

侵占时光的闯入者

就在我敲出这些文字时，有个侵占我们时光的敌人悄然
潜伏在旁。它在等待时机反扑，急于扰乱我的心绪，使我的
注意力偏离核心要务。人们通常把这种现象称为注意力分散，
通过互联网还有智能手机技术，它在我们的文化中蔓延开来。
它急于把我拖入黑暗的世界，在那里我将关注的焦点与情感
虚掷在社交媒体上，发送信息邮件，使用《今日美国》(*USA
Today*)[①] 应用程序，观看 YouTube 视频以及天气频道。

这个敌人也在骚扰你，时时萦绕在侧，等待时机发动进攻。
它可能化身为一部苹果手机、笔记本电脑、平板电脑，或者电视
机，还可能是《体育画报》(*Sports Illustrated*)[②] 或者报纸。它
要滋扰家庭的一切美好事物，尤其是干扰你对孩子的关注。我

---

① 《今日美国》(*USA Today*)，美国唯一的彩色全国性英文对开日报，隶属于美国最大
报团——甘尼特报团旗下，于 1982 年 9 月创刊，总部位于弗吉尼亚州的罗斯林。该报刊的
发行量为全美第三，仅次于百年报刊《纽约时报》《华尔街日报》。——译者注
② 体育画报 (*Sports Illustrated*)，美国乃至世界著名的体育周刊，于 1954 年创刊，为
时代华纳旗下杂志。体育画报发布大量体育运动尤其是美式橄榄球的运动彩色图片，彰显
运动之美。同时也发布美女模特的图片，其泳装特刊 (Swimsuit Issue) 更是吸引了大量
男性读者。——译者注

们可能认为自己很狡猾，可以敷衍了事，但我们的孩子能一眼看穿。他们知道我们没做到专心致志，更糟糕的是我们心猿意马。

在人类历史上，我们是最容易心神不定的一代人。在此之前，任何人都无法获取如此繁多的技术、最新信息，无法实现飞速下载高品质内容。我们不能再对这一切视而不见，因为在我们家中，在其他各个角落，琳琅满目的**媒体**设备传递的信息在疯狂叫嚣。在线统计网站 Statista① 预测，截至 2021 年，拥有及使用社交网络的用户有望达到 32 亿人，这一数字令人震惊。②2013 年 1 月至 2017 年 9 月，照片墙网站的月用户数量从 9000 万攀升至 8 亿。③ 这一数据仅低于过去五年内的总值！到 2018 年 6 月，脸书网已有 22 亿用户，YouTube 网用户达 19 亿。④ 每月使用各种社交媒体的用户数字庞大。

社交媒体具有实用性，但也大大分散了我们的注意力，耗费了我们的教育子女的时间，削弱了教育子女的效果。

① Statista，全球领先的数据统计互联网公司。2007 在德国创立，分支机构遍布全球多个国家团，主要的商业模式是向公司客户、教育和研究人员提供定量数据，覆盖大约 20 个行业，比如电子商务、互联网、媒体和广告、运动和娱乐等，是世界知名的统计门户网站。——译者注

② 数据来源于"社交媒体的数据与事实"统计网站，2018.4.18 载入。——原文注

③ 数据来源于"2013.1~2018.6 图片墙每月积极用户数量"统计网站，2018.6 载入。——原文注

④ 数据来源于"基于积极用户量的 2018.7 世界著名社交网站排行榜"统计网站，2018.8 载入。——原文注

2012 年的一期《华尔街日报》(*The Wall Street Journal*)[1]上有一则视频报道,显示了 2007~2010 年间智能手机的用户增长,与发生在操场及苗圃设备上的儿童受伤事件之间的关联性。[2]换句话说,在照顾孩子时,看护人由于种种原因使用手机,分散了注意力。我一定要弄清楚,在家庭或者其他任何家长有义务照顾孩子的场合,家长使用某些设备以及社交媒体,与孩子的情感状态之间的关联性。我们怎能因为这些分散注意力的内容,而伤害自己孩子的内心?我承认自己犯下了这项指控之罪。我的家人为此向我呼吁过,但他们已经原谅了我。

我认为,电子邮件、发信息、社交媒体以及互联网具有实用性,都很重要。所以,我们怎样在利用这些与生活息息相关的设备的同时,还能确保我们的家人笃信他们是我们最重要的选择?我想到三件事。

1. 设定边界。我们拒绝使用社交媒体的次数,要高于同意使用的次数。光阴似箭,弥足珍贵,我们需要为自己的工

---

① 《华尔街日报》(*The Wall Street Journal*),美国乃至全世界影响力最大,侧重金融、商业领域报道的日报,创办于 1889 年。日发行量达 200 万份。同时出版了亚洲版、欧洲版、网络版,每天的读者大概有 2000 多万人。——译者注

② 选自《华尔街日报》网站视频《一心二用:照顾孩子发送信息两不误》,琳达·布莱克,本·沃森,2012.9.28 视频 5:48。——原文注

作、爱好以及其他兴趣设定严格的边界，以便为家人留出充裕的时间，悉心呵护。健康生活的诸多内容都离不开边界意识，缺失边界意识便会乱作一团。**坦率地说，当你陪伴孩子的时候，一定要放下手机，退出电子邮箱，抛下社交媒体，停止网页浏览**。听起来就是这么简单。对，但我知道做起来并不容易。

有意识地规划自己一天的时间。留出特定时间上网，查阅脸书网、照片墙网和推特，观看 YouTube 网上视频。现在我们中有很多人或许还需要这些社交平台来完成工作。但我们有必要加以限制，要有意识地这样做。我们应该强迫自己放下这一切，开启排除干扰的家庭时间，于是孩子们就会知道你收到了他们传递的信号。

2. 首要选择。首要选择反映了在我们心中优先处理的大事是什么，在我们的生活中占据核心位置的大事是什么。耶稣说过："因为你的财宝在哪里，你的心也在那里。"（马太福音6:21）这是一条亘古不变的真理。踏入学校大门前我们学习主日学校的课程时，许多人就记住了这句话。当我们为人父母时，通过我们优先考虑的事情，我们认为最重要的事情，这句话在生活中得到充分印证。

我向家人证明他们是我的首要选择的方式，就是准时出席各种活动。如果我迟到，尤其是经常性迟到，就向我的妻子和孩子表明，对我来说其他事情比他们更重要。

我们都要密切关注首要选择之事，这一点必不可少，必要时进行记录。允许自己把其他事情看得比自己的家人更为重要，这种行为我们有必要叫停。做到这一点很不容易，但却是帮我们赢得家人之心的关键。我们一定要有意识有目的地进行选择，让孩子成为自己生活中的首选项。过往的日子里，我在优化自己的时间方面做得很糟糕，这一点也渗透到我的家庭生活之中。我将时间浪费在无足轻重的事情上，常常很少留出，或者没有留出孩子们的专享时间。质疑我的行为是克里斯汀的强项。有时我需要时间来消化吸收她的反对意见，但他们都是为我好，一直帮我成长。

3. 专注倾听。倾听一词听起来或许简单无奇，但我们这一代人极不善于主动倾听。相信我，我所说的包括当下的自己，也包括你。有时我认为自己在倾听，而实际上并没有。一只眼睛盯着电视或手机，一边点头，我精通此道。我捕捉到了说话者的关键词，然后对此加以评价。但是我并没想愚弄任何人。

每天我都在学习如何更好地倾听，尤其是要放下手机去倾听。就在今天早晨，我的一个女儿想告诉我她准备和朋友一起观看的一部电影，万幸此时我的手机在其他房间。我看着她的眼睛，确认她在和我讲话，专注于和她的谈话，不时提出一些参考性问题，发表自己的评论。她离开家去学校后，我反思那段时光。谈话持续了整整五分钟，和女儿进行交流，主动倾听她的心声和想法，这种感觉真好。我能像这样专注倾听的时刻越多，她就可能愿意分享更多的事情。这就是胜利！

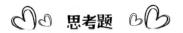 **思考题**

1. 你大部分的时间投入到哪些事情中？一定要实话实说。

2. 你如何把握那些微末时光和孩子们在一起，最终这些时光会成为美好时光？你可能用哪些新方法实现这一点？

3. 什么事情最容易破坏你与孩子在一起的时光？你如何加以克服？

4. 在你的日程安排中，你如何体现边界，设定自己的首要选择，以保护自己投入家庭事务的时间？

第九章

全身心投入，融入孩子的生活

要点五：坚持参与孩子的活动

那是印第安纳州晴暖的一天，那样的日子让人珍惜，因为我们知道夏季终于到来。即使是在十五年后的今天，我还清晰地记得那次毕业生服务，因为仪式的主持人这样介绍主讲嘉宾和他的妻子，称他们为"乐于奉献积极参与的家长"，在孩子的生活中起到积极的作用。

乐于奉献积极参与。这些字眼落入我这个年轻的父亲耳中，我希望自己能成为那样的家长。我希望有人也这样评价我。那时克里斯汀和我只有一个一岁的孩子，那段时间我倾心关注宝贝女儿。我多么希望她知道我对她的爱有多深，我积极参与她生活的承诺有多么坚定。

这些字眼在近十五年后的今天还在激励着我。这已经成为无声的咒语，深藏在我的内心和思想深处，陪伴我努力与孩子沟通交流，了解他们，伴随他们长大成人，这份兴趣历久弥新。我不希望回首过往时会这样说，我错过了一段时光，因为工作占据了我的时间，脸书或者照片墙网上的内容分散了我的注意力。

积极参与是教育子女过程中的关键一环。单就这一主题，我就可以撰写一整本书，因为我相信这一总纲下包含着有影响力的教养过程中方方面面的内容。

积极参与赢得人心的原因

首要一点，积极参与是促进个人认知以及人际交往的门户，提供给你一个了解孩子的机会。你不可能了解一个自己从不为之操心费力的人。尽可能地出现在孩子的生活中，可以让你熟悉他们私密的细节内容，他们的好恶、梦想、恐惧、纠结及兴趣所在。你熟悉他们的个人信仰、朋友关系、情感关系、喜欢的电视节目、求学选择、职业愿景、喜欢的音乐家或者YouTube 网站的博主，知道这些人"无比可爱"的原因，了解社交媒体正在发生的事件，获知哪几位老师惹恼了孩子，原因是什么，明白他们如何看待上帝。你会发觉孩子如何看待一些社会问题，比如男女平等，还有同性婚姻，发现他们正在阅读哪些书籍，现在使用哪些手机应用软件等等。

当你读到以上罗列的内容时，可能会坐卧不安，但这样做并不是窥视他们的世界，这些事情会为十几岁的孩子做上标记。不管是否喜欢，他们置身于积极真实的文化背景中，这种文化以每小时一千英里的速度进行传播，通过社交媒体，运用几乎每日更新的技术，呈现在他们面前，给他们施加巨大的压力，要求他们达到社会的要求，而这个社会的规则却在不断变化。你可以抵制否定这种文化，或者勉为其难地接受这种文化，但是了解这种文化，最终会帮你了解自己的孩子！这样做相当于给你派发了一个通行证，允许你开始影响他们的生活。时间弥足珍贵，行动要迅速。

第二，积极参与可以让你播撒下珍贵的情谊种子。你把握的机会越多，这份情谊在他们内心扎根就越深。想象这样一幅画面，你与孩子的关系就像一位农夫，他望着自己的农作物，悉心关照，持久耐心。他深信一点，生长的过程虽说缓慢但却持续不断，作物的生长或穿越地表，或掩藏于地下，只不过这种改变不易察觉。某一天，你会与成年的儿女成为伙伴关系。如果你现在就积极参与到孩子的生活事务之中，未来的关系就会丰富多彩，充满活力。

积极参与的表现形式

如何解释积极参与？是不是要日复一日积极影响孩子的事情？下面我们介绍一些实际做法。

1. 辟出时间认真倾听。倾听是积极参与最明显的标志。你结识一位密友的方法是倾听。你学会如何完成新生事物的方法还是倾听。你熟悉自己孩子的方法也是倾听他们的话语。这就要求你有意识地辟出时间这样做。创造倾听时间有几种方法。举个例子，在我家中，我们一定要围在餐桌旁一起用餐，每周都要有几次，不允许看手机或者其他干扰事件打断我们开诚布公的交谈。我们留给每个人一次机会进行分享。到了上床休息的时间，我们坐在每个孩子的床边，倾听他们这一天发生的故事。没有什么魔法公式。查看自己每天的日程安排，计划留出这段时间。做好准备，在孩子想要说话的时候放下自己手头的事情。

2. 搁置分散注意力的设备。当你全身心关注自己孩子的时候，要关闭手机，或者设成静音，退出脸书网页，关掉车载广播。你在和他人交谈，或者迷恋照片墙网页内容时，就无法和孩子谈心。那些事情可以留待晚些时候来做。当下孩子就在那里，需要你全神贯注，和他们共度的时光不会等待你我。一定不要让毫无意义的事情占据你的时间，把时间都留给孩子。

3. 和孩子进行约会。没错，和自己的孩子进行约会！特意指定时间和自己的儿子或女儿一起外出。带他们去买咖啡，共享专属的母子或父子晚餐，或者一起去购物。之前我们曾提及充分利用微末时光的重要性，比如一起处理杂务。和孩子约会有所不同，你要有意识地在他们身上倾注心血，才能做到对孩子关怀备至、了如指掌。即使你认为自己的孩子不愿意这样做，也要去尝试。当这一切不知不觉悄然而至时，你可能会受宠若惊。我最喜欢照片墙网站上的一篇帖子，来自作家珍·海特美克的博客。这是一幅她上大学的儿子的一张照片，附有文字："和宝贝儿子在我最喜欢的地方共饮咖啡。我热爱周围的一切，我热爱每一个人。我和他共处了六天。不管他想吃什么都做给他吃，塞给他零花钱，聊到他最不喜欢的教授会爆粗口。这一周他从不犯错，没人能否认这一点。"[①] 我马上想到，这就是**家长**积极参与孩子生活的方式。

4. 些微投入非常必要。适当宠爱孩子，多少给他们些甜头，这样做会告诉他们，对你而言他们非常重要。我们决定放弃在郊区线内的生活，搬到印第安纳州的乡村，在那里我们可以点亮火烛，随心所欲地吵闹，年幼的几个儿子可以穿着内衣在后院闲逛，那时我们选择购买先前老家附近的房产，女儿的几个朋友住在那一带。我们向女儿许诺："我们会开车送你到朋友家，如果你的朋友要搭车，我们会很高兴开车载她们一程。"我们想当然地认为，其他家长也会这么做，我们错了。其他家长避免参与到孩子的生活中，简单地采用以下方式，很多家长不肯开车来我家接走孩子，这段路程只不过一两英里远，或者孩子还未平安到家就已经上床休息。这令我们感到震

---

① 选自《和儿子共度咖啡时光》，照片墙网站图片，作者珍·海特美克（@jenhatmaker)），2018.3.10。——原文注

惊。我不是在评论对错，只是对此无法理解。我认为，做这些事就是参与孩子生活的一部分，这些小小的投入意义重大。

5. 点滴纠错也要推心置腹。 我们总会遇到纠正孩子错误选择的时候。孩子需要边界和知道后果，这一点在前面已经讨论过。但从建立良好关系的角度出发，有时你有必要仔细倾听，积极参与，不要匆忙纠正。让他们分享自己生气的原因，他们不能容忍的是哪位老师，在学校里广受欢迎的那个男孩子其实是个人渣，哪个人因为自己发布在社交媒体上的帖子被抓个现行，他们如何看待政治事件等等。孩子，尤其是青少年时期的孩子，与父母共处时需要有安全感。家长一定要实施责罚，这并不意味不允许孩子有宣泄的机会。克里斯汀和我允许我家那几个十几岁的孩子，分享他们的挫败与担忧，我珍惜这些与他们交流的时刻。有时，我们有必要提醒他们注意言辞，或者友善待人，但我们从未遏制过推心置腹的环境，这样做营造出一种氛围，他们无须顾虑，开诚布公地进行分享。我母亲并非一个完美的家长，但是在这件事上，她的做法恰如其分。我姐姐和我常常分享自己的情感，无须担心受到指责。这也形成了我们自信诚实的性格，一直延续到现在。我甚至还写了一篇博客《一名收养家长的忏悔》。

我的"小不点"怎么想？

如果孩子年纪尚小，而且你初踏上为人父母之路，但却开始提前考虑未来之路，那你真是了不起！许多家长做不到这一点，通常最后只能来到我的办公室求助。本章内容正符合你所处的教育阶段，因为参与活动一定要始于童年早期。就连那些幼儿都正在聆听观察，他们可以理解发生的一切。他们正聆听他人，他们希望他人聆听自己。

重点强调这几个字：**他们希望他人聆听自己**。把这几个字写下来，放在你每天可以看到的地方。**在各个年龄段，家长一定要聆听孩子的话语**，这样才能积极参与到孩子的活动中。

不要忽视与自家"小不点"交谈的重要性（我们团队的一名队员就这样称呼她年幼的孩子）。**要进行健康有益的交谈**，即使仅仅围绕《海绵宝宝》或者《爱探险的朵拉》（*Dora the Explorer*）[①] 这样的话题。了解他们的观点，放下手机，或者关闭车载无线电，他们知道这时你的注意力不集中。想方设法

[①] 《爱探险的朵拉》（*Dora the Explorer*），由美国尼克频道于1995年出品的动画片，由迈克尔·贝执导。以7岁小女孩朵拉为女主角的娱乐探险类系列剧，朵拉像每个学龄前的孩子一样，每天都在热带世界中探索。在每一集中，朵拉与他最好的朋友——猴子布特都邀请观众加入新奇刺激的冒险中来。每次的冒险中都包含着问题或者谜语，小观众们要与朵拉一起开动脑筋解决问题。——译者注

参加他们的活动。我们的大女儿还在**襁褓**中时，克里斯汀和我就达成共识，积极参与她的生活，对此我心存感激。于是就有了我们之间的多次交流，谈芭比娃娃，谈《小查和寇弟的顶级生活》①，允许她在妈妈爸爸面前坦诚直言。这就为她十几岁的时候与我们推心置腹交流奠定了基础。

请注意，我们并不是看似对参与孩子的生活感兴趣，我们真正对此感兴趣。通常和我们的小不点在一起时，我们不是假装参与其中，而是真正参与其中。成年人都是影帝影后，当孩子试图告诉我们他心中重要的事情时，我们会回应"哦，哈哈"或者"噢，真的，太棒了！"。 如果这说的就是你，不要自责不已。在这个世间，我们总是沉浸在自己的兴趣之中，对孩子的回答千篇一律。但我们不能再这样做，这一点有必要重视起来。如果我们早期就开始密切关注这一点，那么经年流逝，我们培养关系的土壤就会更加肥沃。

---

① 美国迪士尼频道原创电视剧《小查和寇弟的顶级生活》（*The Suite Life Movie*），由肖恩·麦克纳马拉执导。这部喜剧主要是描写一对顽皮的 12 岁双胞胎小查（Zack）与寇弟（Cody）。他们是单亲家庭的小孩，因母亲受聘于波士顿的豪华酒店为主音歌手，一家三口搬进酒店，成了高层总统套房的新住客。母亲虽然平日管教甚严，但酒店内所有豪华新事物实在令两位小朋友兴奋不已，发生了一系列有趣的故事。——译者注

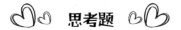 思考题

1. 评估一下你的时间安排、首要考虑的问题以及关注的焦点。对自己一定要诚实。你投入了多少时间积极参与孩子的活动？

2. 为了更多地参与孩子们的活动、兴趣爱好，你有必要剔除哪些事项，或变更其优先顺序？

3. 为了孩子健康积极地成长，积极参与为什么至关重要？

4. 写下一些愿意对自己还有孩子做出的（可实现的）承诺，以便更多地参与孩子的生活。

第十章

坚持不懈，持之以恒

要点六：坚持不懈

你还未听说过"龟兔赛跑"的故事的话，欢迎来地球做客。（开个玩笑！）以防万一，我来讲一个精简版本。兔子嘲笑乌龟速度太慢。乌龟认为自己准备得差不多，就向兔子发起挑战比赛赛跑。结果显而易见，给乌龟一百万次机会，兔子就会赢一百万次。发令枪一响，兔子飞速冲了出去，然后停下脚步，打了个盹，很自信地以为待自己醒来剩下的时间也足以赢得比赛。（剧透警告！）但是不可思议的事情发生了。兔子醒过来时刚好看到缓缓爬行的对手赢得比赛。

这一切到底是如何发生的？一句话：**持之以恒**。

瞧，兔子跑得很快，随后停下脚步，希望偶尔中断亦无关大局。但是乌龟从未停止，从未变更过自己的步伐，从没分散过注意力，从不偏离自己的路线。坚持不懈，持之以恒，就是它的秘密武器。这并不复杂，但很多人忽视了这一点。

我试着一周五天在健身房锻炼，大约早晨五点开始，那时我的孩子们还未起床上学。你可能会觉得我疯了，但我很喜欢这样，这是我一天中最愉快的时光。我头脑清晰，崭新的一天曙光未现，路上空无一人。我的时间不被打扰，可以进行思考、祈祷、聆听，就在当下。我戴上隔音耳麦，这是上帝送给内向性格人士的礼物，我的时光就沉浸其中。

我并非一直都能持之以恒。大部分的时间里，我一直在懒惰漠视以及自我约束中挣扎。近八年中，我坚持不懈地进行锻炼逐渐恢复原来的体型，现在我考虑的问题是心脏健康有益于长寿，关注的焦点是一生只能拥有一次的礼物——我的身体。持之以恒是关键。

进入一月后，约有两周时间，我在健身房排队等候使用我最喜欢的器械，排在我前边的人常常不知道怎么使用这些器械，很快就可能弃之不用，再也没回来过。我的观点是，这些人遇到了大麻烦，这个麻烦不是他们体重超标，身材走形，或者心有不甘，而是他们缺乏持之以恒的毅力。

数年前，我和哈罗德交谈，他当时只有五六十岁。新年那天，他决定变更自己的健康委托，加入我所在的健身房。一个冬日的清晨，我踏上他旁边的登山机，开始日常的三十五分钟健身练习。我设置好阻力训练。哈罗德把跑步机的倾斜度设置得很大，当我开始运动时，听到他气喘吁吁。哈罗德盯着我的机器看运转情况。

"你把阻力值设置这么大，怎么做到的？"他问，"我连接近值也达不到。"

"是这样，"我答道，"这五年来我一直使用这台机器。刚开始确实很难做到。"

他沉思了片刻问："你怎样达到现在的状态？"

"我只不过一直坚持下来，一点点增加阻力值而已。"

"所以持之以恒就是你的秘密武器对吧？"

我点点头："我想是的。"

自那天后谁会是我见过的持之以恒的榜样，你可以想象得出吗？就是哈罗德。一个又一个清晨，从周一到周五，都能看到哈罗德将锻炼坚持到底，直到超越自己先前晨练的多次成果。当我们这些人完成锻炼，坐下来喘口气时，哈罗德依然在坚持练习。既往的日子里，他取得的效果一点也不好。他只是重新投入，执着地坚持下来。

持之以恒打破定式，改变结果的效力无可比拟。从不间断地偿还信用卡，最终就能还清债务。一次不拉地浇灌草坪，就会草木苍翠。坚持致力于创建一家公司，打造一个品牌，终有一天会变成现实。撰写一部书也是这样。

这一点适用于教育子女的过程再适合不过。如果我们持之以恒地关爱我们的孩子，他们会感受到关爱，会更有安全感。如果我们持之以恒地坚持边界，实施恰当的责罚，孩子

（通常情况下）会了悟对错之分，明白设定自己的边界的重要性。持之以恒地与孩子共度时光，会让他们感受到自己受到重视，会建立起稳固的友好关系。

有关持之以恒的测试

1. 你持之以恒地向孩子表达爱意了吗？当然你爱自己的孩子，这一点不会改变。但你是否表达了这份爱？让孩子知道这份爱？什么能表达爱意？付出时间是最佳方式之一。之前我们谈及此点，现在在持之以恒的框架下，我们再来谈谈那些宝贵的重大时刻以及微末时光。继续把握这些时光，不要留下大段的空档期。还有一种表达爱意的方式。我有个女儿不得不告诉我们她怀孕了，无处安身，没有工作，和一个认识不久的家伙发生了关系。我们可以把她丢出去，告诉她把自己的麻烦事解决掉，但我们当时没有那样做。在身陷困境时，我们也一直拥有爱心，这份悲悯会带来巨大的回报，最终会收获回报。有时，始终如一的爱意味着，你要仁爱，要关爱，要慈爱，在很久以后才能体验到爱的回报。

2. 你持之以恒地坚持先观察后指导的立场了吗？你是否埋头教导孩子，而忽略了他们的心声？你是否一直只在意对错，而无视孩子是世间最美好的人，看不到他们变得更加美好？通常我们的选择猝死在教育子女的攀登路上，这种牺牲毫无价值。最近，我十六岁大的女儿想在一张绘图纸上列出自己的目标。我认为她应该换用一张索引卡片，既节省纸张，又便于独立成行。我们反反复复地讨论，最终我渐渐明白了一点，**她想要像个大人一样，负起责任，完成写一张任务清单这件事**。就因为一张纸这件小事，我忽略了她走向成熟的事实。我开始学习观察，不再只是说教。

3. 你持之以恒地坚持给孩子设定边界了吗？ 好不容易我才意识到这一点。我们的孩子非常聪明，甚至在只有四五岁的时候，他们就能立刻分辨出前后矛盾之处。我设定了边界，却心慈手软，朝令夕改，这样做不公正。除非设定的边界刚开始就存在偏差，否则的话，有效的边界实施起来要做到坚持不动摇。宵禁令规定的是十点，那就按照十点执行。无须训诫或者讨论。说过就不要再理会，孩子很聪明，能听懂你的话。你要记得，一以贯之执行边界，会帮助孩子确立安全感，感受到关爱。当孩子触碰边界之时，不管是否意识到了这一点，他们的确希望家长会反对这种做法，因为他们需要你一以贯之，坚持不变。每次你镇定地坚持立场，予以回绝，你就在孩子内心海洋中注入一滴爱。

4. 你持之以恒地让孩子承担后果了吗？ 有时爱必须严厉，坚持真理一成不变，是非边界毫不动摇。为了孩子最大的利益，我们不得不做那些他们认为冷酷无情，却是他们最需要的事情，这时严厉的爱会让我们的生活黯然失色。当孩子跨越边界时，你一定要注意自己的反应。不训诫不辱骂，冰冷强硬的态度会教会孩子该怎么做。但承担后果要前后一致。坚持你的撒手锏，扣留孩子的手机整整两周，限制开车整整一个月，外出靠步行。他们可以生存下来的！他们一定会成长。不能严格执行后果会教会孩子不把家长当回事。

5. 醒醒沉睡的人。你还记得那只兔子吗？刚开始时它表现出色，身后留下一阵尘烟，而乌龟还站在原地挠龟壳。兔子满心以为自己会轻而易举打败乌龟。它太自信了，于是打了个盹。

然后就输了比赛。

为什么会发生这样令人费解的事情？就因为睡着了。

我们来分析一下。兔子没有坚持不懈地跑完随后的赛程，将任务进行到底，它没能全身心投入完成首要任务，反而打了个盹。

请不要曲解我的意思。打盹本身没有错。我也喜欢打盹。克里斯汀和我认为打盹是上帝亲自派发给世间父母的礼物（还有酒，这是另外一个故事版本）。但对于兔子来说，打盹不利于比赛胜利，是不负责任的行为。由于疏忽之过它输了。

"休眠"使我们无法集中精神投入生活中的头等大事，这种情况发生过多少次？我谈论的并非字面意义的沉睡，而是比喻一曝十寒、麻痹大意、无视现实、注意力不集中这样的麻木状态。在最应该接触孩子的时候我们怠慢疏忽，在他们需要陪伴时我们缺席，在应该紧密关注发展动向时我们心猿意马，在应该为家庭的未来继续努力时抛锚熄火。

在当今世界，这些疏忽大意的情况很容易发生，其起因也是多种多样的。尤为重要的是，如果我们错误解读父母影响力发生位移的情况，或者不能悦纳这种变化，就可能让我们陷入休眠状态。除了家长以外，孩子对周遭的人事物似乎都有兴趣，这时我们或许会主动放弃，而不是积极接触他们，而在此阶段最需要进行接触。身陷困局的我们，不再和他们进行交流，承认自己的失败。2005年，安古丽娜·朱莉和布莱德·皮特主演的电影《史密斯夫妇》①中的一幕场景，与这种情况大同小异。史密斯太太对治疗师说："我觉得我们之间存在着一条鸿沟，充斥着各种无法彼此沟通的事情。"在我们和孩子们之间是否也经常发展这种情况？经常发生！

通常情况下，我们甚至没有意识到自己陷入休眠状态，直到家庭陷入危险境况，才将我们唤醒。我们失去孩子，我们觉得自己当下的生活突然崩塌。我们环顾四周，触目所及皆让我们困惑不解。想想看，夫妻突然分手，摆脱自己的婚姻，这些问题频频发生，看似毫无预警。留下来的夫妻一方独自站在空荡荡的房间里，溃不成军的他（她）想搞清楚眼前发生的事情。其实预警早已显现，只不过他（她）陷入休眠状态，自己尚不自知，又或许过于专注自己周遭诸事，未能觉察。作为父母，我们与孩子进行接触要持之以恒，而不仅仅是在他们快到十岁的那段日子，或者上初高中的那几年才这样做。这些阶段的孩子最需要我们，尽管看似相反。请记住，即使家长的影响

---

① 《史密斯夫妇》（*Mr. and Mrs. Smith*），道格·里曼导演，洛杉矶：摄政娱乐公司，2005。——原文注

力排名降至最后，你还是有责任在孩子的生活中积极发挥影响力，始终不变。

在我自己的家庭中，用休眠一词比喻再贴切不过了。早在 2014 年，我们就意识到自己陷入休眠状态。我们自以为家庭护墙安全坚实，毫无损伤，当时却发生了崩塌。当我的一个女儿向我妻子坦白，夜深人静之时她常常会思考各种自杀的方法时，就开启了这一幕。这让我们发现了一个陌生的现实世界。因为反复无常的家庭环境，黑暗无声的绝望正在吞噬女儿的世界。我的大儿子是主要推手，他患有胎儿酒精谱系障碍（ARND），是胎儿酒精综合征的一种。他的生母在怀孕期间嗑药酗酒，导致孩子的大脑永久损伤。十三个月大的时候，我们收养了他。他的前额皮质功能失常，这一部分主管逻辑推理、自我控制以及冲动控制，从而导致他暴力发作，砸坏家中物品，伤害他人身体，通常这种伤害主要针对克里斯汀和我。一年 365 天，一周 7 天，一天 24 小时，我们都不得不保持警惕。这种环境催生了女儿的绝望情绪。

不久因为其他孩子的不当选择，我们发现自己竟成了儿童保护服务机构（Child Protective Services）①的调查对象。在我们家既往的日子里，这段时间沦为我们经历过的**最黑暗**

———————————————

① 儿童保护服务机构（Child Protective Services），遍布全美的政府官方服务机构。该组织依照家庭法的要求，关注一切导致或引起儿童虐待或疏于照顾的因素，保护儿童免遭虐待和疏于照顾。——译者注

时期。我们生活在焦虑中，总是担心会出现什么人把我们的孩子都带走，这是世间最可怕的感觉。同时，我在教会的工作薪金减撤，我们立时发现支付不起家中每周堆积的账单。

家中一团混乱，我们迷失了方向。克里斯汀和我发现，在生活和教育子女过程中我们陷入了休眠状态。我们的孩子转向不健康的压力释放出口。我们那些令人质疑的准则日益耗损现实关系。我们不得不大力扭转局面，我们必须清醒过来。我们比任何时候都需要和孩子们建立友好关系，这就是我们决定要采取的行动。

我们卖掉高档房产，搬到了小镇的另一头，房屋面积从400平方米缩减为181平方米。房间中的物什太多，所以我们把很多东西进行售卖或转赠他人。我们卖了一辆车，清除了大部分的圣诞饰物、多余的家具衣物，任何与我们的小房子还有棚屋不匹配的东西都舍去了。这也是好事，因为几个月后我就会失去工作，这无关我的任何工作行为，而是因为领导不力，教会的环境极不健康（这种转变推动我成为全职博客写手、作家以及演讲者。我爱我的工作）。

我情愿忘却2014年发生的一切。但那一年唤醒了我，这是家庭的全面转折点，我对此心怀感激。

6. 唤醒的含义。 唤醒教育子女中出现的麻木状态，并非让你发展为指挥官模式。这就像常见的膝跳反射反应。你想要没收孩子的电话，撤掉网线，丢掉他们的墨镜，开车碾碎收藏的 CD 碟片，阻截他们电话中的每一个号码，在黑暗的地下室里盘腿围坐在唯一的一根蜡烛周围唱赞美诗（不是这样吗？好吧，你明白我的意思就好）。

　　清醒过来后，我们不要像有些人建议的那样，成为宗教狂热分子或者高压统治的强制执行者。强化边界制定规矩，与走极端不能混为一谈。这并非解决家庭分裂的有效方法，也不是建设性的方式。这和耶稣结交世人的方式背道而驰。耶稣从未通过宗教言论或者建立在教规基础上的行为规范，来回应受伤的人。我们追随的耶稣任达不拘恩深爱重。即使我们冠冕堂皇地把事情搞砸，耶稣还是深爱着我们以及我们的孩子。这也正是我们决定回应孩子的方式。纵使他们犯下严重过失，我们也不能用这些事来给他们定性。我们可以这样看待这个问题，我们犯下的最严重的过失，不能界定我们的优劣，同样，孩子的过失也不能界定他们的优劣。不要辱骂、嘲讽、轻视，决不能训诫。任由这些养育子女的绊脚石在家中挡道，这样的做法有什么好处？根本无助于帮助我们的孩子走出黑暗，摆脱挣扎，只会造成分歧。

　　清醒过来后，一定要记住这一点，孩子是和你一样的人，是血肉之躯，会犯错误。所以让孩子和自己都松口气。请记住一定要用慈爱肯定的方式，有目的建设性地培养自己的影响力。首先关注孩子的内心，然后注意他们的行为或选择。请记住，你的目标不是让孩子列队行进，而是帮助他们理解怎样才能自由地生活。通过慈爱才能实现这一点，而不能只是设定规矩或者进行限制。

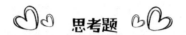

思考题

1. 作为父母, 你怎样才能做到持之以恒?

2. 尤为重要的是, 你要怎样做, 才能持之以恒地把握与孩子共处的重要时刻, 利用好微末时光?

3. 怎样才能始终如一地将设定实施边界以及跨界后果做得更好? 怎样才能确保用爱激发自己的上述行为?

4. 在自己教育子女的过程中, 你用过什么方法让自己保持清醒警惕的状态? 你陷入休眠的状态会有何表现?

第十一章

爱不是美好的幻象，好莱坞在说谎！

要点七：无论如何爱心永驻

爱心是影响力中至关重要的一环，是终生与孩子建立良好关系的关键要素。**爱**之一字用途甚广。在现代社会中，**爱**之一字的使用泛滥成灾，水分太大，堪比白噪音①的效果。**爱**几乎成为每一首流行歌曲的主题，推动众多电影以及电视剧情节

---

① 白噪音（white noise），指一段声音中的频率分量的功率在整个可听范围 (0~20KHZ) 内都是均匀的常数，由于人耳对高频声音敏感，这种声音听上去是很吵耳的沙沙声。在一些西方国家，白噪音对各个年龄层的人来说，都可以起到一定声音治疗作用。一些专家学者称"白噪音"实际上是大自然给予我们的一个声音暗示，它可以起到辅助治疗一些神经系统疾病的作用。——译者注

的发展。我们用爱描述自己最喜欢的造型，我们挑选的星巴克饮品，我们的手机、男朋友、宠物、新座驾，甚至自己的工作（有时也这样说）。

家长会说自己爱孩子远胜世间诸事，不这样表达的家长少之又少。不管我们是孕育诞生了这个孩子，还是通过收养领养的关系把孩子带回家中，我们都爱他们。任何缺乏爱的行为都会被指责为缺乏人性。我们或许认为自己的爱有目共睹，但孩子也认为这份爱显而易见吗？

老话说得好，**行动胜于言语**。我们关心自己孩子的方式，与孩子共处的时间，我们对他们生活表现出的兴趣，电脑或手机是否对我们更为重要（请相信我，他们都清楚），这些行为都强化了他们对家长关爱程度的意识。

但言语也很重要。我们是否给予孩子肯定鼓励？我们是否说过，相信他们的优点和潜能，相信他们有能力做出正确的选择？我们是否赞美过他们的成功卓越？这些言语的表达方式同样重要。我们沟通时会使用何种语气？

行动和言语是彼此的伴侣，靠音节结合在一起，在我们的人际关系尤其是子女关系中共舞。要让孩子知道我们的爱，二者缺一不可。当孩子铸成大错时，爱在我们说话的方式中得以彰显。当我们和他们一起欢庆重大胜利，或者陪在他们身边为灾难性的损失哀痛时，爱的光芒熠熠生辉。当我们必须践行严厉的爱，或许要毫无温情绝不妥协地强化边界时，爱为我们指引方向。当我们把受到伤害悲痛不已的孩子拥入怀中，告诉他们一切都会好起来，妈妈爸爸不会离开时，爱是引路的明灯。

　　一定要牢牢把握爱的言行，决不能顾此失彼。周围的世界不会告诉我们这一爱的秘诀。电影、电视剧以及歌曲通常以情感为中心，都是些痴迷肤浅的情感，要不然就是某人的患得患失。对家长子女关系的情节描述通常都是美好甜蜜，我们几乎看不到爱也有粗暴混乱的一面，几乎看不到无惧风雨的奉献牺牲。偶尔也会有一场表演或一部电影精确地捕捉到了这一点。例如，电影《朱诺》(*Juno*)[1] 和《我是山姆》(*I Am Sam*)[2]，电视剧《我们这一天》(*This Is Us*)[3]，《为人父母》(*Parenthood*)[4]还有《如此一家人》(*The Fosters*)[5]。然而在大多数情况下，

[1]　《朱诺》(*Juno*)，2007 年公映的一部美国喜剧电影，由贾森·雷特曼执导，影片讲述了一个十多岁的聪明女孩朱诺意外未婚生子，最后把孩子送给另外一对夫妇的故事。该影片曾囊括第 12 届金卫星奖等多项电影奖顶。——译者注

[2]　《我是山姆》(*I Am Sam*)，2001 年公映的一部美国剧情电影，由杰茜·尼尔森执导，影片讲述了一个智商只有相当于七岁孩童的父亲山姆，出于一份与生俱来的父爱，依靠一份咖啡店的杂工，决心要与有关当局争夺女儿抚养权以及期间发生的动人故事。——译者注

[3]　《我们这一天》(*This Is Us*)，2016 年公映的一部美国电视剧，由约翰·里夸等执导。讲述了一个家庭的故事，爸爸 Jack 妈妈 Rebecca 从年轻到生儿育女的过程，及他们三个子女 Kevin、Kate、Randal（同样都是 36 岁的三胞胎）长大成人后的生活，剧情以时间交错为轴，把朴实而幸福的爱情、家庭生活展现得淋漓尽致。——译者注

[4]　《为人父母》(*Parenthood*)，2010 年公映的一部美国电视剧，由托马斯·斯拉姆执导。故事讲述了 Braverman 一家人有趣但并不完美的生活，体现了为人父母的苦与乐。——译者注

[5]　《如此一家人》(*The Fosters*)，2013 年公映的一部"摩登家庭"风格的美国家庭剧，由罗伯·莫洛执导。讲述了一个黑白混居、养子和亲子混居、同性恋和非同性恋混居的"另类家庭"故事。——译者注

我们都渴望真正的爱。

说出"我爱你"

从个人经历出发，我知道听到家长说出"我爱你"这句话，对孩子的影响深远。我日渐长大，妈妈和我之间形成了深厚的养育之情，体现了满满的关爱与接纳。在我感到孤独，想要得到夸赞，需要解决重大问题时，妈妈就是那个我要投奔的人。随后，她就是那个让我了解异性，告诉我如何对待自己身体的变化的人。在我受学校里的孩子嘲弄，因莫须有的事情受到指责时，她的双膝可以供我埋藏被泪水浸湿的脸庞。她来观看我的篮球比赛，在我三岁时决定带我去教堂。在我的童年时光中，她和我的关系感情深挚，爱意浓浓。

我和父亲的关系就不是这样。事实上，在我童年的大部分时间里我们争执不断。在我青春年少时，这种情况有增无减。我的父亲并不是不想疼爱姐姐和我，只不过他的表达方式有点儿奇怪。他总是生闷气，还常常发作。我们很少听到他给予我们肯定，在他的语气中，我们从未听出鼓励支持。他就是有一种天赋，把各种咒骂的话语串在一起，汇集到极致，不加修饰地说出来。我姐姐和我时刻处于警觉状态，警惕他毫无征兆地爆发。

到了夏天，父亲去上班，我们在房子周围嬉戏一整天，无忧无虑，不用担心受到嘲笑辱骂。我们和邻居家的孩子活蹦乱跳地穿越我家屋后的树林，在卧室里用毯子搭建堡垒，在库房营造出幻想的世界。类似的事情还有很多。

到了四点三十分，时钟的短针刚过四点，长针指向数字六，一切就都变了，不得不改变。六十分钟后父亲就要下班回到家。我们白天所发生的一切必须毁尸灭迹。我们营造的所有幻想世界必须毁掉，重回之前的原貌。每一样工具、每一片木屑、每一块毛毯、每一个枕头，都必须分毫不差放回原位，否则我们准会有麻烦。每天四点三十分到五点三十分这段时间，在房间里、池塘棚屋边、屋外的街道旁，我们抹去任何原来不属于那里的痕迹。在父亲回来前，大多数朋友都撤走了，如果他们还在附近闲逛，我父亲一定会大声责骂训诫批评，毫不顾忌这样会令我们感到难堪。

经常会发生某些神奇的事情。时钟指向五点半，父亲却没回来。几分钟后，如果他还没出现，我们就开始心中期盼，**可能他和工友去酒吧了吧？** 这能为我们争取三个多小时的时间。时钟敲响六点，我们就知道他要到很晚才回家，那时我们都睡熟了，就能平安无事。

我憎恶自己写下的每一行文字，因为事情的真相深深伤害了我。我记得，在六七岁的时候，我甚至发誓永远不要成为以那种方式对待孩子的父亲。我憎恶当时自己的恐惧，憎恶在充满幻想和奇迹的时候，我抬头看到时间已到四点三十分时的那种感觉。他在外很晚未归时自己既感到如释重负，然而又渴望父亲陪在身旁。我憎恶自己亲历的那种矛盾的情感。

这不是一个孩子该过的日子，然而还有不少人的家长和我父亲一样。我知道父亲爱我，作为家长他也有好的一面，但我常想知道自己是否是个麻烦鬼。那样的性格曾长期压制了我的自信心，我质疑自己是否有能力为自己辩护，我为自己能否称得上乖孩子，自己的生命是否有意义而感到困惑。

我并不是说，父亲的到场，或者肯定的言语就能彻底解决自己内心的矛盾冲突。但听到"我爱你，你是个乖孩子，你很重要"这样的话，还是会对我产生巨大的影响。我知道很多家长在教育子女方面做得很好。他们能接受孩子的不完美。他们赞美孩子的本性，包括他们的创造力、杂乱无章、独特性，他们不会有失公正地批评孩子，也不会有所偏颇地加以评判。他们的孩子生活无拘无束，对自己的本性充满自信。在成长阶段的某些时候，我确实也得到了父亲的认可。我只是希望不要生活在阴云之下，无须担心父亲下班回家时自己会有麻烦。

当然，游戏之后孩子应该有义务把自己搞乱的物品整理好，他们也应该尊重其他人的私人财物。在实现这些期望方面我父亲并没有做错。但是他没有停下来发现我们的创造力，也没有表达对我们的疼爱，他的表现就是辱骂。先对我们创造的奇思妙想表示惊叹，然后再温柔地提醒我们把一切整理好，这才是健康有益的方式。

我并没有紧抱着对父亲的执念不放，我已经谅解了他，对于过去心怀感恩，特别是在过去的十年中，我们之间的关系深挚，爱意浓浓。事实上，最近和他接触的心得突显了父母之爱的重要性。我永远无法忘记2013年的夏天，我在印第安纳波利斯北部的一所大教堂任职，要筹办周一上午三场最重要的礼拜仪式并发表演讲。我的父亲母亲驱车从辛辛那提赶了过来。在此之前，他们只来过这里两次，所以我内心激动不已，紧张不安。我还记得在阐释我们的使命时，在第四排看到了他们的身影。那次礼拜仪式进行得很顺利，他们回到我们家共进午餐。午饭后，我父亲向我炫耀他的新座驾福特探险者，他突然停下脚步，直视着我的眼睛，"这次礼拜很精彩，麦克。"他对我说道，"你的布道的确完成得很出色。"

我对他说"谢谢"。

随后他的话让我永生铭记，"当时我看着你，心里这样想，站在那里的是我的儿子，我真为你骄傲！"他给了我一个大大的拥抱。

我一边表达对父亲的感谢，一边拭去夺眶而出的泪水。

展现"我爱你"

爱的言语的确重要，但仅有言辞是不够的。我们还要用行动强化言语的效力。所以我们一定不能仅把"我爱你"挂在嘴上，还要把"我爱你"展现出来。

我还记得父亲用行动表达对我们的爱意的那些时光。有几次在夏日的夜晚，如果母亲要工作到很晚，父亲就会带我们去划船。有一次，在开车上班的路上，他在收音机中听到当地有家游乐园的广告，就决定休息一天，回到家中，带着一家老小踏上一日冒险之旅。还有一次，因为我多次失误，少年棒球联合会的教练把我换下场。当我伤心落泪时，父亲就在我身边，一只手环着我的肩膀。他一句话也没说，只是陪在我身边。

如果不能用行动强化影响，语言的效力就会大打折扣。如果不能辅之以充满爱意的言语，行动的效力可能落空。家长们，你的言谈举止具有构建孩子自信心的效力，能树立他们的自我价值，纵使世界上最高的摩天大楼也难以企及这样的高度，达不到如此坚固的程度。任何时候行动都不会太迟。但请不要等待观望，不要因畏难而退缩止步。塑造孩子，珍视孩子，坚定地守护孩子，支持他们与众不同，为此惊喜满怀。

无论发生何事，爱意永不消减。

关爱没有附加条件

各位家长，即使孩子犯了错，或者他们的选择与你的希望期许背道而驰时，你能否继续毫无保留地给予他们关爱，不附加任何条件？

我们的爱**应该**毫无保留，这一点显而易见，但是我们做到了吗？当我们完美的规划，吉尔莫女孩式的梦想家幻象出现了问题时，我们的言行还能将爱进行到底吗？我们的孩子呱呱坠地之时，他们或许与我们的规划完全吻合。但我敢保证，他们有了自由思想、自由信仰之后，情况就会大不相同。本章的要义在于对有关爱的错误观点提出质疑。

多年以来我在家庭事务部任职，随后又成为家庭咨询顾问，我遇到过成百上千的家长，他们对自己孩子的爱存在附加条件。刚一和他们交谈，我就马上意识到了这一点，因为他们的注意力全都聚焦在孩子的表现上，孩子做过什么，没做成什么，如何达不到家长的期许。家长对孩子的爱我从不怀疑，我常常质疑的是他们的爱是否伴有附加条件。

我并非在为孩子做出错误选择进行辩解，或者为放纵的教育方式找借口。家规和边界意识不可或缺，不知健康边界为何物的孩子，会产生危险的权利意识，缺乏责任感，从而形成危害心灵的其他问题。克里斯汀和我对无礼不敬零容忍。我们坚持这样一条真理，每个孩子都必须接受自己选择带来的影响，不论是好是坏。无条件的爱不是一张免罪卡，但是践行边界意识，承担后果，有必要掩藏父母对孩子的爱吗？我认为没必要。

你可以强化效果，让孩子经受不当选择带来的后果，还要给予他们无条件的爱。无条件的关爱常常不能顺利推展，其原因在于我们任由自己对孩子持有的观点、理念、规划，凌驾于我们对孩子的关爱之上。我们用林林总总的理由加以掩盖，好让自己提出的条件合理化。

即使在孩子发现自己身陷困局之时，倘若我们所持的态度是用自己的言辞行径表达爱意，结果会怎样？

倘若家长在修正孩子的错误，对他们进行引导训诫时，言语行动和风细雨，充满爱意地给予肯定，结果会怎样？

倘若面对要收拾的残局，自己不是感到挫败，而是用关爱夸奖引领他们，结果会怎样？倘若和颜悦色地提醒他们，要承担起收拾残局的责任，因他们证明了自己的价值和创造力，依然欢欣鼓舞，结果会怎样？

克里斯汀和我收养了好几个患有致命的胎儿酒精谱系障碍的孩子。由于生母在孕期过度饮酒导致他们的大脑永久损伤，这妨碍他们进行推理，使他们无法控制冲动情绪。其中一个孩子有暴力冲动反应，尤其是当我们没时间回答问题，违逆了他的心意时，他的暴力行为就会升级，这一切使得教育他的过程耗尽心力，令人感到挫败。我们必须学会密切关注自己的言辞行为，因为他早期的创伤，措辞严厉会引发更加失控的行为。如果我们采取防卫举措，或者行为突兀，他就也会处于防卫状态，变得生硬。在过去与他发生的多次纠纷中，如果我们能控制好自己的情绪，纠纷本可以早早结束。我们已经学会保持舒缓的语气以及平缓的身体语言，但对他们的期许依然坚定不动摇。

几年前的圣诞季，我们的儿子大发脾气。他的兄弟姐妹已经上床休息，只有他还不睡，要求多看会儿电视，他吃了五块点心，喝了二十杯水，还要继续吃喝。到了晚上十点，我们给出的答案还是一句话，"不行，你想要的都得到了满足。"他的反应就是从圣诞树上一把扯下纪念饰品，摔到墙上。这时我们该说祝大家圣诞快乐，祝大家晚安，该这样做对吗？他似乎刻意绕过从沃尔玛买来的廉价饰品，直奔那些五代相传的传家宝饰物！

我就坐在餐桌旁，面前摆着电脑。我的愤怒就像滚滚熔岩，我想要怒火喷发把他吓倒，让他再也不敢做出这样的事。就在我站起身准备开始愤怒声讨之时，电脑屏幕一闪，跳出克里斯汀发来的通知电邮，她就坐在附近，用笔记本工作。我向下一瞥，看到上面的文字，"不要回应这种行为。他打破的所有东西，我们都能替换，一切都不重要。"

> 说得真好，我也这样想。那些奶奶的传家宝饰物怎么办？

她继续发送消息，"对他的行为我们要毫不在意。他想要我们有所反应，可我们偏不。"

我重新坐下来，专注于我的笔记本电脑，无视几英尺外儿子的所作所为。到目前为止，作为家长，这是我处理过的最棘手事件之一。我身上的每一个毛孔都在发出呐喊，我要有所反应，阻止他的行为进一步发展，解释清楚我们无法容忍这一切。

神奇的事情发生了。我妻子发送了那些料事如神的信息几分钟后，我儿子停下自己的动作。透过眼尾余光我看到，他垂下肩膀，身体也放松下来。我告诉他怒气该平息了。这时克里斯汀和我平静地对他讲，他能选择停止发作，我们很高兴。随后我们兑现了后果，他必须把一切清理干净，归回原位。我们的攻略奏效了。

对这件事进行总结思考。倘若我们保持镇定，而不是出于愤怒或者挫败马上予以回应，结果会怎样？倘若我们耐心等待他走出困境，再坚定地设定边界，实施跨界后果，而不是紧张关注他的不良行为，甚至还有可能令局势恶化升级，结果会怎样？孩子的反应会有多大区别？紧张的局势最终会产生多么不同的结果？除此之外，即使孩子的选择和行径非我们所愿，关于我们对他们的看法，我们会与他们沟通交流什么内容？

当天晚上，我们没有宽恕孩子的恶劣行为，也没有贬低辱骂孩子。我们只是在等待。我把这种策略广泛教授给那些收养创伤儿童的家长，但是我深信，"保持镇定，态度坚定"这一招也适用于所有的家长。家长的语气、反应、言辞举止很重要，会决定孩子的行为是恶化升级还是归于平静；会影响孩子们对待自己的方式，以及孩子心中关于家长如何看待自己的想法。

我给你再举一个例子。每年秋天，我的朋友杰森·莫瑞斯、安德鲁·施耐德勒还有我都会组织一场全国赛事，取名自驾之旅，专门招募收养寄养家庭的父亲们（就像我们三个人一样）。我们带着伙伴走进科罗拉多山，在为期三天的时间里，就生活、育儿、失败、感恩、恐惧等事宜进行交流。在就餐过程中，在去啤酒厂的即兴旅行中，在山区徒步的过程中，在夜晚的篝火旁，我们促膝而谈。我们共度的时光格外美好，如果你眼热，就应该加入我们的行列。杰森负责早餐和晚餐时的主要交流话题。今年秋天，他提出了一个问题，引发我对本章内容的思考："女儿把事情搞砸，月经期迟迟未来，担心我的反应，这时她在走近我时会有安全感吗？她会告诉老爸发生了什么事吗？"停了一会他又说，"我扮演的法官或者观察员的角色，决定了她的答案内容。我做出的第一反应是，保护她的心不受伤害，还是指出她的失败之处？"一屋子平常欢闹不休的男子汉沉寂了下来。他们中有很多人有生以来第一次直面这样一个现实，他们从未考虑过的现实：**我是否做到无论发生什么都关爱自己的孩子？** 很多人要和有创伤背景的孩子打交道，这一点常常把我们对于生活以及教育子女的理想画面击得粉碎。站在十字路口，我们来回逡巡，是该接受这一切，迈入新常态，还是继续沉浸在吉尔莫女孩式的教育梦想所带来的迷失感之中？

孩子对你的了解，是因为他们可预见你做出的反应，例如训诫、命令、辱骂、嘲讽以及反应过激？还是因为你给予他们的慈恩、关爱，无论发生什么都能接纳他们？

爱的另一面

在好莱坞电影中，爱情充满浪漫色彩。情人的拥抱就像微风穿过帘幕，宛如月光倾泻而下，神秘地弥漫在大地。好莱坞把父母之爱归总在三十分钟或者一个小时的故事情节中。或许这份爱被描述得严厉生硬，但问题总会很快得以解决。

真正的爱有多个层面，用丰富的辞令来描述爱就是最好的证明：**两性关系、罗曼蒂克、痴情迷恋、动人心怀、暖意融融、激情澎湃、坚信不疑、鼓舞人心、信守不渝**。我想用另外一句话来描述真正的爱：**剪不断理还乱**。

事实不是这样吧？现实正是如此，剪不断理还乱的状态是现实之爱的重要一环。人类躯体具有的人类的思想和情感通常具有欺骗性，其实人类的爱亦是不完美的存在。还是想一想怎样才能从地上撑起自己的身体，勇往直前吧。孩子黯然神伤，甚至在夜半时分悄悄溜到医药柜前，想一次吞下全部药物，那个时候你将孩子揽入怀中，这就是爱。

当女儿回到家中，告诉你尚未得到父亲许可，自己就怀孕了，没有未来规划，无力照顾孩子。你直视她的面庞，告诉她，不管她做何选择，你依然深爱着她（还有那个她即将带到世间的孩子，不管发生什么情况），这就是爱。当女儿和吓呆的男友离开时，你在他们身后关上房门，冲进自己的房间嘶喊咒骂，乱丢一气，持续发作长达两小时之久，因为你肝肠寸断，这也是爱。爱就是对女儿深信不疑，相信她不是坏孩子，她有能力鼓起希望，构建未来，承担起责任，做出明智的选择，即使当下她难以实现你的期许。爱就要把自己的期许尽数丢到窗外，继续为她祈祷，对她的希望不灭。

爱就是穿行郊区，去探望接受全托治疗的儿子。在此之前他变得暴躁易怒，留在家里既不安全，也不利于健康，让他的兄弟姐妹受尽苦头；爱就是和他平静祥和地共度一个周末，然后不得不独自驶离，留下他在前梯上啜泣；爱就是告诉他只有康复后才能回到家中；爱就是为他的那颗心而努力奋斗，不管他的过去怎样，继续给予他支持肯定；爱就是相信他心存向往，未来光明。

爱深深根植在你的内心深处，为了孩子你愿意放弃自己的生命，不管他做何选择，成为何人，你会为他们淌尽热血，这就是爱。的确，爱还可以带来浪漫激情，欢愉无忧。与自己的家人一起聚在圣诞树旁，唱圣诞颂歌，这就是爱。一家人围坐在餐桌旁用餐，回忆妙趣横生的全家度假经历，那些令人尴尬的时光，开怀大笑，这就是爱。爱感人肺腑，暖意融融。但放大爱的写照，会发现这些场景仅仅是其中的几个像素点。爱还是深挚坚定的态度，纵使墙倒屋塌，纠纷加剧，希望渺茫，亦不会有所退转。

所以，应该问问自己，我对孩子的爱可是这样？不论发生什么，不管他们变成哪种人，我是否还能对他们深信不疑？不管他们是否把事情搞砸，我是否都能做到对他们的爱毫无二致？

换个说法，你预设的观念、理念、愿景，那些天衣无缝的计划，是否障碍你真正了解孩子，读懂他们的心声？与捕获人心相比，你是否更在意证明一个观点，赢得一次辩论，或是给孩子上一课？我可以告诉你一点，在你顺风顺水的时候，或

陪伴式成长：如何赢得孩子的心 | **140**

者孩子的表现合乎你的希望之时，爱的真正考验并未来到。真正的考验发生在一触即溃之时，你精心制订的计划化为灰烬，而你努力在黑暗中找到一线光亮。你给予孩子的爱是否比从前更深挚？不论是混乱的局面还是平和的境况，你给予孩子深挚的爱是否无二无别？

学习原谅

搞砸了与孩子的关系，会是什么情况？我们身陷困境，乱发脾气，词不达意，无端高声，或者对孩子火冒三丈，甚至对全家人大发雷霆，会是什么情况？我们要诚实回答。问题的要点不在于这些情况是否会发生，而在于发生时我们怎么办。因为你我都是凡人，我们都会犯错。我们喜欢说，我们已经超越了这一发展阶段，但事实不是这样，我也在说自己。

一个具有影响力的家长会避开成为孩子永远朋友的念头，不会只关注为他们带来欢乐的事。一个具有影响力的家长不再是个梦想家，不再沉醉于理想的画面，错失眼前的机会，错失真正引导孩子的机会。一个具有影响力的家长抛弃指挥官的方法，放弃操控、牵制或者发布指令这些无止境的欲望。一个具有影响力的家长避开导师式方法，在教育孩子前先用慈爱之心观察他们。这是赢得孩子的心的独门秘籍。

我们失败的时候，我们陷入这些效力甚微的错误模式时，应该怎么办？

我们可以求得孩子的原谅吗？我们可以接受孩子的谅解吗？寻求孩子的谅解，这也是一项我们不得不完成的最艰巨的任务。多半是由于家长存有傲慢心，对在孩子面前示弱有排斥心理，这样的做法完全有悖于他们的心意。如果不愿放下骄傲心理，让事情朝着正确的方向发展，会付出什么代价？成本太高不宜冒险。在教育子女之路上风雨十六年，必须做什么才能赢得孩子的心，我深有感悟。

之前我提到，我还有很长的路要走。你认同我的说法吗？我们有时会失败。最近，我带着三个最小的儿子去宿营。我们共度了一段美妙的时光。可是到了周末，最小的儿子开始公然反抗我提出的一切要求。我的反应就是对他进行讽刺训诫。最终，我发了火。教育宣告失败！

我不得不低下身段，请他谅解。做这件事很不容易，但值得尝试。寻求谅解蕴含着力量，展现了洒脱。教会了孩子怎样才能做到宽恕。

几年前，我对三女儿大发雷霆，当时她十三岁。她和我在某件事上未能达成一致，事态陷入僵局，然后继续升级，大肆咆哮全面爆发战争。她的语气毫无敬意，充满火药味，说话乖僻狭隘，完全不符合她的身份。我知道身涉战局的自己只要退让一步，不再反驳，战事就可以消解。但那个时刻我在教育子女之路上迷失了方向。这场争论决不能输的想法占据了我的身心，我无视她的内心感受，不再倾听她的话语。诚然，她的行为令人无法接受，但我是成年人，是家长，我应该保持情绪的控制力。我非但没有平静耐心地倾听、观察，把事情讲明，反而说了伤害她的话，只想控制局面，赢得争论。后悔之情充斥着我的内心。

我女儿的眼泪夺眶而出，冲到楼上自己的房间里，"砰"的一声关上身后的房门。我自己又羞又气，走出房间，开车出去兜风。接下来有三个小时的时间，我都耗在附近的酒吧收看橄榄球比赛，想清楚怎么解决问题。我给克里斯汀发了一个信息，问她女儿怎么样了。她当时去商店采买，所以没看到发生的那一幕。她回复我："女儿很伤心，满腹不解。"我感到无地自容，向妻子求教，她这样说："留到明天吧，再去寻求女儿的谅解。你只能这么做了。"她说得没错。

我有两种选择。我可以沉溺在自艾自怜的情绪中，继续消沉下去，听从不断聒噪的声音，把自己定义为失败者。或者我可以收起自己的骄傲，积极主动地和女儿恢复关系。这两个选择，只有一个是正确答案。

在这个特定时刻，我们中有很多人加大了自己的错误。当我们与孩子或者配偶相处不顺利时，我们常常让自己相信，我们总是失败，永远不可能让事情有所好转。我用自己犯下的错误给自己定性。接着我们就会放弃，开始不再贪求改变自己永远是个失败者的身份。

但这种思路彻底偏离了真相。犯下的错误不能为自己定性。你我的名字不叫失败者，羞愧不是我们的特性。把事情搞砸时，我们能做到的最好的事情，就是承受错误，回归正途，在勇往直前的路上努力让自己有别以往。这一点很不容易，但那正是我第二天清晨要做的事。当女儿下楼准备上学时，我把她拉过来坐在我的膝盖上，看着她的眼睛，承认自己的错误，请求她的谅解。她什么话也没说，只是点点头。那就可以了。无须多说什么，我不需要为自己辩解，或者重述前一晚发生的事情。我甚至未存希望她会为自己说过的话道歉的念头。这一点可能会让你心生困惑，但我知道自己的目标，就是赢得她的心，而不是赢得争论。

我心甘情愿俯下身来赢得女儿的心，收获了意想不到的成果。几天后，我在和朋友谈及这次意外时，他说："所以你就去寻求她的谅解了吗？"

"没错，"我答道，"这样做不容易，不过我采纳了妻子的建议。"

他思索了片刻，接着说道："你为自己的女儿树立了榜样，教会她怎样谅解他人。当她看到自己的爸爸愿意为犯下的错误寻求谅解时，这件事就为她上了宝贵的一课，向她展示你的真心所系。"

我听得目瞪口呆。我从未想过这一点。对我而言，传统意义上讲，寻求谅解意味着示弱。多年来，我一直避免这样做。我的骄傲总是占据上风，特别是在教育子女方面。我一定是正确的那一方，一定要证明自己的观点，确保孩子都知道谁才是当家做主的人。但寻求女儿原谅这件事，我做得没错。为了修复我们之间的关系，还有很多事要做，要赢回她的信任，友好相处。

这一事件带来的良性回报，就是看到我的孩子依样效仿，寻求其他人的谅解。最近，我的女儿和别人一起对邻居家的男孩说长道短，这时她自觉去了那个男孩的家，敲响前门，为自己的行为向他致歉。我的心暖意融融。

我朋友说得对，他的话开拓了我的眼界。爱孩子就意味着让自己的骄傲跌下云端，自己犯了错就要承认，寻求孩子的谅解，学习健康的生活方式，为他们示范如何谅解他人。但我还想再补充一个观点。我们积极地寻求孩子谅解之时，我们为他们示范的内容，不单单是如何寻求谅解，还有在我们曲解他人时这样做的重要意义。还有谁比父母更能做到以身示范？这是家长影响力中转变孩子的有力举措。

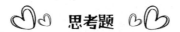 思考题

1. 传统意义上，你如何定义爱？

2. 你关于爱的立场，如何影响自己与孩子的关系？

3. 你会发现自己在给予孩子爱的同时，会不自觉地强加哪些条件？需要怎么做才能去除这些条件，无论怎样爱他们一如既往？（你能够忍受哪些不利局面？）

4. 为了寻求孩子的谅解，你的坦率可以达到何种程度？在适当的时候，规划一下你该怎样做，向孩子承认自己过去或者现在犯下的错误，寻求他们的谅解。

第十二章

做自己，战胜家长最大的对手

————◆◇◆————

要点八：倾听关于自己的真相

如果我漫步在世界上的任一条街道，询问遇到的父母，他们认为养儿育女遭遇的最大敌人是什么，你认为他们会怎么说？

孩子们的行为举止

流行文化及其对青少年的影响

消极音乐和电影

嗜酒嗑药

情色文学

公立学校

时尚潮流，孩子选择服饰而引发的战争

倘若以上诸项皆非教育子女遭遇的真正敌人，对此你的看法是什么？倘若我们谴责打击这些影响因素的做法有所偏误，对此你有何想法？我之所以提出这些问题，是因为在致力于成为优秀家长的过程中，我发现自己遭遇的最大敌人就是担忧。我还发现担忧体现在两大方面。

担忧能力不足

我曾经解释过自己的成长过程，我的父亲脾气暴躁，他关注的事情只有一个，那就是我在哪件事上犯了错，即使有二十五件事我都做得很好。这令我产生了一种感觉，认为自己做的每件事都表现出能力不足，甚至步入成年还会这样想。任何时候我取得了某种成就，就会马上开始想自己做得不够好，或者别人会做得更好。在我成立家庭教育子女的这些年里，这种能力不足感深深困扰着我。所以我会说，不管身处顺境还是困境，我们都要说鼓舞士气的话，大张旗鼓地赞赏我们的孩子，这对树立他们的自尊自信至关重要。

我强烈感受到自己的能力不足，甚至我过去常常想知道妻子为什么选择我做她的丈夫。我认为很多男士都比我更配得到她。我们最初意见不一致的时候，我会说些傻话，比如："好吧，我想你应该嫁给某某，因为我不可能成为他那样的人。"

你可以想象得出，这样做于事无补。多年来，我的自我怀疑还有不安感导致了我们之间的隔阂。克里斯汀认为，她不得不反反复复地向我证明，在她心中我很优秀。而我却在想我一次又一次地证明了自己配不上她。我们不得不向对方重复证明的事，听起来好像对婚姻有百害而无一利，我用了多年的时间才克服这一问题。最终，克里斯汀直视着我的双眼，告诉我不要再继续说下去。她说之所以选择我，是因为她希望嫁给我。

我希望一切到此为止，但做了父亲后，我的能力不足感加深了。或许我与妻子的互动达到了平衡状态，但孩子让我更有理由感受到自己能力不足。如果孩子因为某事生了气，或者因为我而失落，我就会认为这是一个信号，我不是个称职的家长。如果他们郁郁寡欢，自我封闭，或者关注的内容不再是我，我就会任由自己的自卑感作怪。多年来我都这样认为，孩子们因收养前遭受的创伤所导致的行为问题，或多或少都与我的不当教育行为有关。每一次他们情绪崩溃，脾气发作，在校遇到麻烦，都是**我的**错。

多年来，自我能力的**不足感**妨碍了我和孩子建立起真正友好的关系。

能力不足的意识闯入我的内心的途径之一，通常就是比较的陷阱。我们看到其他家长似乎无所不能，我们马上就开始拿自己和他们加以比较。他们的孩子看上去很幸福，我们家孩子似乎古怪易怒，情绪低落。他们看起来团结一体，行事有条理，而我们茫然若失，心灰意冷。他们似乎有无尽的能量可以参加不同的课外活动，而我们哈欠连天，除了生存所需，别的事情统统不予考虑。连类比物，评价自我，我们就会自惭形秽。我们得出结论，我们是不合格的家长或者配偶，因为人有我无，衣不得体，人能我不能。

长久以来正是担忧能力不足的影响，让我们相信自己永远不及他人。

担忧遭遇失败

担忧失败与担忧能力不足相伴而生。事实上，它可能是那个邪恶的独裁者，担心自己的属下才能不济。作为家长，我几乎每天都在担心失败。当我和孩子们发生争执，或者自己的行为言语不合他们心意的时候，我就会认为自己已经失去了他们。我认为除了失败，自己不可能会有更好的结果。这种感觉很糟糕，这是我教育子女之路上遭遇的最大挑战。过去，我沉溺在对失败的担忧之中，几乎把自己拖垮，导致我这个家长影响力不足。

担心失败总是插足我们从事的大小事宜。即使我们和孩子友好相处关系亲密之时，担忧失败的心理也会闪现，我们开始相信自己所担心的失败终会变成现实，人会犯下的正常错误，在自己这里就是灭顶之灾。

因此，由于我们回绝了危险或不利于健康的事物，家中十几岁大的孩子不喜欢我们的时候，我们就认为自己做人失败。我们说服自己，他们的喜乐悲欢是我们教育子女取得成功或失败的直接结果。

有时，既往失败形成的负疚感，妨碍了我们更好地做出判断，于是我们会伏低做小。但我们知道，我们这样的做法并非是对孩子负责的行为，所以我们又扛下一桩失败的责任。不久前，我家有个十几岁的女儿不把我的话当回事，我就屈服了。那件事发生后，我的情绪以及精神状态一蹶不振，直到我朋友杰森讲出了不争的事实，"再也不要那样评价自己，麦克。因为自己导致的一个小失误，就认为自己一无是处，这对你的孩子或者家庭无所裨益。这不是对自我个性的反思，也不是对你作为家长存在价值的反思。所以应叫停这种行为。"

刚开始我听到这样的话很不开心，但我有必要听一听。

恐惧的幕后推手

在我们的生活中，恐惧是如何让我们溃不成军的？恐惧蓄意扰乱我们内心发出的声音，借此与我们抗衡。我们轻信自己所听到的大脑传递的信息。你们都知道那种声音吧。它轻声低语，**你的表现差强人意，你的孩子应该得到更好的对待，你的孩子希望某某人成为自己的家长，你就是孩子纠结的根源。**我们相信了这些话以及其他错误的信息，因为我们听从了我们自己内心发出的声音。

作为一个有信仰的家长，我相信，恐惧是魔鬼撒旦众多手段之一，这个人类的公敌用恐惧来对付我们。相信我，这个宿敌希望我会相信，我能力不足，我是个不称职的家长，不合格的丈夫，不够格的朋友。一旦我相信了这一点，屈从于这一点，撒旦就赢得了胜利。担忧之心占了上风，我就居于劣势。我就无法重新振作，勇往直前。当我相信自己是个失败者时，我就在自己和孩子之间形成了深深的分歧。当我相信自己能力不足时，我就破坏了自己与家人之间的亲密关系。自我的悲观论不断发酵，进一步形成了悲观的恐惧感。撒旦这个宿敌用恐惧这个武器向我发起攻击，如果我相信它的谎言，我就表现得无所作为。我任由孩子与自己之间存在负疚和憎恶的情绪，没有向他们表达歉意；任由彼此沉默冷战，却没有给予他们肯定。当我屈从于恐惧心理，就会妨碍我把握机会培养他们，保护他们，引领他们，为他们树立感恩的典范。

　　你有过这样的经历吗？是否曾被不足和失败的恐惧击败过？你是否发现，因为自己给予这种恐惧感无上的权力，才导致与孩子或者配偶之间产生意见分歧？如果回答是，那么你就是相信了关于自我的谎言，让这个人类的公敌撒旦占了上风。于是从前称你为爹地妈咪的那些孩子，付出了沉重的代价。我的朋友，真相是我们天国的圣父之力，远胜我们的一切恐惧，他赋予你的能力完全可以胜任家庭事宜，保持对家庭忠诚。他对你的爱深挚热烈，所以一定不要受恐惧胁迫。恐惧妨碍你成为家人眼中最好的自己，如果你不为所动，这种情况就不会发生。

真理的声音

你**不是**个失败者。你**不是**能力不足的家长。最好**不要**拿自己的孩子和他人攀比，也**不要**拿自己的配偶与他人比较。坚定不移的努力**不会**让孩子出现问题，也**不会**令他们的不安感加剧。但任由自己的不安感横加干预自己与孩子们的交流互动，影响与他们建立良好关系，这**可能**就会让他们一蹶不振。

解决比较陷阱的方案就是**做自己**。因为成为孩子的父母而心生欢喜。这世间可没有别人被称为他们的家长，只有你！不要再拿自己和别人加以比较，不管他们看上去多么尽善尽美。事实就是，他们家中发生了什么事，他们在生活中经历了什么，你全然不知。你不能拿不尽了然的他人为标准，来衡量自己的价值。还有，你在家中承担的任务，有别于我，有别于其他的家长。每个家庭都有自己要应对的难题，不具有可比性。我可能是在精益求精地完成自己的任务，即使这一点没什么外在证据来体现。

你和其他人一样犯了错，但这些错误不能给你定性。所以不要让错误夺走属于孩子的鼓励、激励和自信，这些是他们最需要从你这里得到的。当你屈从于大脑中传出的声音，任由错误给自己定性，从长期效应考虑，孩子就开始质疑你的影响力。你的担忧不会影响你拥有的机会，或者改变你的影响力。

你依然是个称职的母亲，依然是个合格的父亲。一定要开始倾听真理的声音。我们随时随地都可能遭受沉重的打击。生存在这个世间，各种声音对我们进行轰炸，告诉我们应该这样做应该那样做，以这个人为榜样，像那个人一样有爱心，和那个父亲一样给予。但是一定要倾听真正适合你的内容。

多年来，我和担忧的声音抗衡，深信我能力不足，是个失败者。我一蹶不振。最后，我学会祈祷，**愿真理的声音战胜恐惧**。你对自身的真相了解得越深入，其他的声音就会离你越远。你还会经历一段惴惴不安的日子。即使在那段时间里，你也会变得更加自信，敏锐地辨识对与错。

勇往直前

最近，我儿子和我观看了 2007 年公映的一部电影《未来小子》。这部励志电影很精彩，鼓舞人心。我最喜欢其中的一幕，路易斯（Lewis）试图修复时光机的故障，和威尔伯（Wilbur）乘时光机驶入未来。路易斯懊恼不已，"我不知道自己在做什么！"

"勇往直前。"威尔伯提醒他。

"我想说，对我而言这东西实在太先进了。"

"勇往直前。"

"倘若我修不好，我们该怎么办？"

"勇往直前！"

威尔伯解释说，他的父亲创办罗宾逊实业公司，批量生产自己的发明作品之后，"勇往直前"就成为其座右铭。一天晚上，他醒过来，产生了时光机的创意。发明设计原稿失败了952次！"但是，"威尔伯说，"他不放弃！他继续不断工作，直到步入正轨。"

还有一幕我也喜欢，在全家人面前，路易斯的枪爆炸了，家人都对他的失败表示祝贺。在他们恭喜他失败的尝试时，比利·罗宾逊说，"从失败中可以汲取教训，成功中……可借鉴的就没有这么多。"[①]

失败会发生，但是为我们提供了一个选择：我们是一蹶不振自甘沉沦，还是重整旗鼓勇往直前。

这是一场战斗，但为了赢得孩子的心值得一试。他们需要你做出正确的选择。

---

① 《未来小子》（*Meet the Robinsons*），斯蒂芬·安德森导演，加利福尼亚州伯班克：华特迪士尼影业公司，2007。——原文注

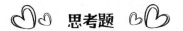

思考题

1.你有过任凭能力不足或失败的担忧情绪渗透到你的思想之中，潜入教育子女的过程之中的行为吗？

2.在你失败的时候，什么事妨碍你勇往直前？

3.为了抵制谎言的声音，倾听真理，重整旗鼓，勇往直前，你可以采取哪些措施？

第十三章

土豆沙拉和墓碑，撰写一生的故事

要点九：留下不朽的遗产

出席会议时，通常我不能一动不动地坐太久，因为我患有严重的注意力缺乏症（ADD）。忍耐漫长的会议太不容易了，我常常错过很多会议内容。在会议用餐时，如果有朋友谈及某位发言人说过的趣事，就会很尴尬，我对此一无所知。

然而，有些会议的桥段我历经数年依然清晰记得。多年前我参加了一个研讨会，领导力大师约翰·麦克斯韦（John Maxwell）在会议上做报告。会议的研讨中心是他的一部新书《领导力21法则》（*The 21 Irrefutable Laws of Leadership*）。他谈到遗产问题，讨论我们身后人们对我们的评价。我记下了他某段演说的内容："你溘然离世不久，人们会四处站着吃土豆沙拉，他们会闲聊你的故事，他们开始谈论你的一生。你为自己的遗产做过什么？你怎样和深爱的人以及共事的同僚进行交流？问问自己'他们会怎样评论自己？'"

那次为期一天的会议中，其他内容我几乎都记不清了，但我记得的那部分正是我所需要的。那一切发生在十八年前的2000年，但记录在我笔记本上的这些文字自那时起一直伴我左右。

遗产

正如罗宾·威廉姆斯扮演的约翰·基廷在电影《死亡诗社》（*Dead Poets Society*）[①] 中说："因为我们都是凡人，孩子们。因为信不信由你，这间房子里的每个人总有一天都要停止呼吸，僵冷，死亡。"这是不刊之论！在死亡的那一时刻，我们生平所为向世人讲述了一个积极进取、自我转变的故事，抑或另一个不同的版本。如果我们留下的遗产是慈爱、友善、感恩、宽恕、耐心、自制、悲悯，那么这一切会通过我们的后代子孙，保持积极强大的生命力，继续延绵后世。同样的，如果

① 《死亡诗社》（*Dead Poets Society*），1989年公映的一部励志电影，彼得·威尔执导，故事发生在以沉稳凝重的教学风格和较高的升学率闻名的威尔顿预备学院，新学期文学老师约翰·基廷的到来一反传统名校的严肃刻板，带领学生们成立死亡诗社，在校史楼内聆听死亡的声音，反思生的意义。——原文注

我们苛刻挑剔、人格有缺，对孩子发脾气，辱骂他们，以此实现对他们的掌控，世人可能也会记得我们留下的遗产，但不会给世人留下积极的印象。

谈论我们遗产的方式可能多种多样，它的序幕会这样开启，在我们葬礼后的聚会上，人们享用着土豆沙拉，分享既往的回忆。他们谈笑风生，聊一聊我们过去说过的趣事，做过的疯狂举动，他们深情怀念我们共度的温柔时光，或者由衷希望与我们的关系可以有所不同。不论这份遗产是好是坏，在孩子们看待世界的方式中，在他们与世人的交往中，我们得以永生。这会影响他们教育子女的方式。你现在生活的方式，对于身后之事起到至关重要的作用，其中的原因你明白了吗？

你我都会留下某种形式的遗产，如果这是一份爱的遗产，会令我们得以永生，继续感化世人。我们的一生会讲述什么样的故事？尤为重要的是，我们这些为人父母者为孩子们留下什么样的回忆？

墓碑的启示

几年前，我还是个青年牧师，孤身一人带着一架照相机走进当地一个坟场探险，专走罕无人迹的小道，去拍摄系列录像片，阐释我们生命故事的意义，及其对世人的影响。那是感恩节前一天，印第安纳州天气严寒。坟场掩映在成块的玉米地、一条小溪和一片树林之间，若不是熟悉那一带，你甚至找

不到它的准确方位。但是这里的一切保存完好，可以看到 19
世纪晚期一直到现在的各种墓碑。我所去过的坟场中，这个算
是最具吸引力的一个。

　　先前我和其他我认识的人没什么不同，并没有过多关注
一座座墓碑，在这座坟场我开始对墓碑细细研读。我注意到多
数墓碑上都注明了出生时间和死亡日期。随后，我发现有一座
墓碑的内容激励了我，墓主是一位名叫查尔斯的男士，他在
三十年前过世。碑文的颜色虽有些消退，但依然清晰可辨：

　　　　　　　　　　　　　　　　查尔斯，我的父亲
　　　　　　　　　　　　　1911.8.4~1981.6.21

　　　　亲爱的丈夫
　　　　称职的父亲
　　　　忠实的朋友
　　　　永远的梦想家
　　　　基督的信徒
　　　　你为他人带来的影响，印证了你匆匆走过的岁月生
生不息

　　我不认识这位名叫查尔斯的父亲，但在那个寒冷的下午，
我站在那里，渴望了解他墓碑背后的故事。我此生无法与他相
遇，但他生命的意义对我的鞭策或许超越了尘世诸人。显然查
尔斯度过了辉煌的一生，留下了不朽的遗产，意义深远。生死

之间他匆匆走过的一生，即便在他离世之后，依然生生不息。这就是他留下的遗产，他身后继续流传的故事。我敢保证，查尔斯做每一件事必是全心投入，充分利用赋予他的每一分每一秒，让自己匆匆走过的一生永不幻灭，回荡在未来。"你为他人带来的影响，印证了你匆匆走过的岁月生生不息。"

我还这样认为，在查尔斯弥留之际，他深爱的人尽管心情悲痛，也会带着喜悦与感激之情，开始讲述他匆匆走过的一生。我希望我能遇到他的孩子，亲耳听到他们讲述父亲的故事。我渴望听到查尔斯怎样生活，怎样关爱自己的孩子，怎样利用时间，怎样看待自己的影响力。我认为并非所有人偶然间看到这些墓碑上的话语，会能接受其传递的信息。石头上镌刻的文字都是用心写就。

我们不可能仅凭墓志铭就能拼凑出一个人一生的故事，但最终的众人证词让我相信，查尔斯努力赢得了自己妻子和孩子的心，他的投入会继续产生永久的回报。

当我走完自己的一生，我希望自己的墓碑上撰写的故事，能像查尔斯一样。耗尽我的每一分力气，我希望此生的时光能与我的孩子们共度，无条件地关爱他们，努力赢得他们的心。我希望我留下的遗产能讲述这样的内容。

学习特里

我永远忘不了 2004 年，那年我在印第安纳州的一个小圣会担任青年牧师，我的牧师生涯以及个人信仰经受了最大的考验。八九月间，我们的社区内发生了一场悲剧，十多名青少年在数起车祸中丧生。我在安抚一线奔忙，抚慰教会青年社团中的孩子，他们为自己的朋友痛心伤臆。前一天离校返家时还看到这些朋友，前一天同学会之夜刚刚一起跳舞，撒手人寰前这些孩子还曾上学睡过了头。这种经历让我意识到，没有人能真正做好准备迎接悲恸。这些青少年不知道如何调控情绪。我和其他地区的青年牧师一起，坐在社区中学图书馆的地板上，陪伴那些痛不欲生的学生，有生之年，我都永远无法忘记那一幕。

那一年的圣诞节更是深刻地镌刻在我的记忆深处。12月22日夜晚，我们迎来了一场深达2.4米的降雪，第二天清晨醒来，我看到壮观的冬日仙境。家人还在熟睡时，我悄悄出门走进一家咖啡店，在我的所有时间被圣诞节事宜占据前完成一些工作。大约过了一两个小时，我收起笔记本电脑，背好背包，在印第安纳州清新的早晨返回家中，渴望休息一天陪陪家人。我走进房间，克里斯汀迎上前，神色忧郁，看得出她哭过。

"发生了什么事？"我问道。

她摇了摇头，目光低垂，抽噎着说："昨天深夜，艾比和亚当的父亲特里，在睡梦中过世了。"

在当地教会的学前青年项目工作中，我认识了特里，他是个品德高尚的人。我大吃一惊。

几分钟后，克里斯汀和我前去陪伴艾比、亚当，还有他们的母亲克里斯蒂。我们聚在他们家的卧室里，气氛肃穆。有几个我们的学生，还有青年志愿者，在那里安慰我们的朋友。母亲用手臂揽着艾比和亚当。我们一起祈祷了很长时间，祷告结束后，克里斯蒂就把孩子们拉到近前说："你们的父亲非常爱你们两个，深爱着你们！"

随后我了解到前一晚的情况，艾比、亚当和一群朋友，与父亲一起观看电视到很晚，音乐电视网（MTV）播出的真人秀让他们开怀大笑。最后的回忆多么美好！

几天后，特里的告别仪式上人山人海，仅余立身之地。寒冷的天气里，数百人在殡仪馆外排队，他们在那里站了几个小时，为了表达自己的敬意，给特里的家人一个拥抱。告别仪式和墓地上，人们纷纷赞美特里不同寻常的一生。

葬礼后我们驱车回家，我有了这个想法，我希望自己的生活过得像特里那样不同寻常。当时，我是个年仅二十八岁的父亲，还有漫长的人生路要走。我有三个年幼的孩子，这种经历需要我重新调整自己的注意力，重新规划时间。特里匆匆走过的一生证明了一切。特里的孩子们成长为慈爱、友善、仁慈、关爱他人的人，在他们身上，特里的遗产依然在发挥影响。

我知道，我的生活还有我的故事自成一格，但是关于如何讲述自己的故事，自己的故事会有什么样的内容，若能自己左右，我希望自己的故事肖似特里，我希望自己的墓志铭的内容与查尔斯爸爸相仿。

你我怎样才能像特里那样，留下的遗产具有强大持久的影响力？我们怎样才能像查尔斯那样让人们永远铭记？

答案很简单。我们最大程度发挥九大要点的功效，与孩子建立起一份积极持久的关系。

回溯九大要点

本书主要讨论全面认识充分发挥家长在孩子生活中的重大影响力。这是我们赢得孩子的心，对他们的影响力持久不衰的方法。我们在无关大局的事情上投入过量的时间和关注，而将至关重要的人置之脑后，对我们的配偶还有孩子视而不见。这九大要点并非万事皆消的灵丹妙药，但它根本扭转了我家的局面，帮助我成为最好的自己。

1. 融爱于罚，树立影响力。首先你要相信在孩子的生活中，事实情况是，家长的话语具有权威影响力。记住，你的职责是做好家长，这是第一要义。你不仅当下要担负起教育子女的任务；你务必从长远角度对此进行思考。通常情况下，那些不相信自己影响力的家长，在与孩子相处时会迷失方向，因为他们已经忘记自己的"初衷"。初衷的核心内容是慈爱、健康的边界，不管孩子处在什么阶段，始终如一给予他们教育。

2. 理解悦纳影响力发生位移。当你突然意识到，在孩子的生活中，你的影响力排名已经从第一跌至第四（位列他们的朋友、周遭的文化、其他成年人之后），你要怎么做？这种情况早晚要发生，因为孩子迟早会长大，你们的关系会发生改变。过去常常什么事都对你讲，每次醒来就希望时刻和你耗在一起的那个孩子，突然和你疏远，变得喜怒无常。首先，一定要记住，在孩子的生活中你依然具有话语权，但你并非唯一的声源。第二，悦纳改变，和孩子一起步入新阶段。如果你对此心生抵触，努力想要掌控局势，你就会默许自己成为指挥官或者导师。再不然，就会成为梦想家，你会试图坚持自己心中的理想化关系，或者尝试做他们永远的朋友。但这些教养模式就需要面临失去孩子的心的风险。

3. 扩大其他声音的影响力。随着孩子年龄的增长，他们会倾听其他成年人的观点。他们会被其他关心他们的人所吸引。你一定不能心生抵触，要帮助他们认真辨别选择，支持健康有益以及富有责任心的话语，比如宗教小组的负责人、牧师、老师、教练、可信赖的朋友。只要这个人告诉孩子的话与你的话语内容大同小异，但孩子听后更愿意接受，就可以和他们一起扩大孩子的影响圈。

4. 明智地安排时间。你我生而有涯，你会把时间留给谁？分配给哪些事？有生的时间该属于他们，那些你深爱的人，那些称你妈妈、爸爸、丈夫、妻子的人。许多毫无意义的事由会来竞争，虚耗我们的时间。我们一定要为家人留出时间，不受打扰，不能分心。尤其要行动起来，把握那些看似微末的时光陪伴家人，而不仅仅看重度假那样的大段时间。带上孩子和你一起去商店，在后院一起抛橄榄球，诸如此类。集聚这些时刻，汇集成大段美好时光。

5. 积极参与孩子的活动。你怎样落实积极参与孩子生活？一定要记住，积极参与是了解孩子个体及其社交关系的途径。充分参与有助于你熟悉掌握他们的好恶、梦想、恐惧以及纠结。陪伴他们时不要分心，积极发出邀约，倾听他们的心声。

6. 坚持不懈。尤其是长期共处后，你做到对孩子的爱始终不变了吗？你是否规定了合理的边界，一以贯之地履行跨界后果，从而让孩子知道你对他们的期待？你是否对于孩子还有他们生活中发生的事情保持警觉？你是否格外重视赢得孩子的心，而不是赢得争论，借此持之以恒地让孩子知道，他们的心对你有多重要？持之以恒对孩子的健康以及家长自身都非常重要。即使当时你的选择总是难得人心，即使当时你不得不引导他们走过艰难时日，持之以恒就能建立起彼此的信任，持之以恒就意味着成果最大化。

7. 不论如何爱心永驻。当孩子失败时，你会怎样应对？你是给予关爱，还是训诫辱骂？你无条件地爱着孩子，还是当他们不能满足某种条件时，爱意立消呢？他们是按照与生俱来的天性自由发展？还是被你的期待扼制？当你让他们失望时，你会寻求他们的谅解，还是自己的傲慢心占据上风呢？爱绝非易事，剪不断理还乱，但值得付出。

8. 倾听关于自己的真相。父母最大的敌人是担忧，尤其当我们陷入相互比较的陷阱之中时，会执着地要达到其他父母的水准，或者达到某种世间的标准。这会让我们低估自己。担忧失败会让我们深信，身为凡人的我们曾犯下的那些错误，自己注定是个失败者。

9. 留下不朽的遗产。当我们的肉体死亡，离开人世时，你的孩子会如何评价你呢？代表生死之间匆匆走过的岁月的，是什么样的故事？你是否无条件地爱着自己的孩子？你是否在他们面前树立了宽恕以及奉献的典范？你常观察赞叹他们优秀的一面，还是更多地指出他们的不足之处？某一天你留下的遗产会是哪一种？

这一切刚刚开启了为人父母之路。在他们生命中的每一天，你都必须努力赢得孩子的心，不要寄希望于一次就能结束战斗。纵使力所不及，也一定要坚持充满慈爱之心，继续发挥才智。一定要热爱这些美丽的个体，他们是上帝给予你的恩赐。赞美孩子取得的成果，赞美他们走出失败。和孩子在一起，你要面对怀疑人生幻想破灭的阶段，也会迎来充满希望和成就感的时期。这就是教育子女这条路上你能体验到的艰辛，也是它的魅力所在。一定要坚持到底。

♡♡ 思考题 ♡♡

1. 你留给孩子的遗产会是哪种类型？

2. 你如何树立自己期待的传承子孙的价值观？

3. 什么影响了你遗产的质量，或者妨碍了遗产的效力？你能做些什么来改变事物的本来面目？

4. 你希望怎样书写自己的墓志铭？

WINNING
THE HEART OF
YOUR CHILD

第三部分

你陪我长大，
我陪你变老

第十四章

称职的家长，身兼数职

称职家长的定义

一旦运用这九大教育子女的要点，开始在孩子的生活中践行健康有益的影响力，你就会步入崭新的阶段。虽然还是会面对艰难的时期，但是你有了明晰的目标。你知道自己为之努力的方向正是赢得孩子的心。从关注自己宝贝孩子的立场考虑，你开始学习控制情绪。

最近我听到儿子对他的弟弟说话时，使用了我们曾命令禁止使用的词语"你这个笨蛋"。**教育宣告失败**。

我让冒犯弟弟的儿子坐下来，要他看着我的眼睛。我可以对他进行严厉的训诫，可以骂他，告诉他做出的选择有多糟糕，责怪他无视我们的多次教导。但是这样做会付出怎样的代价？我是想证明自己正确，还是想和儿子进行沟通？我是想赢得争论，还是俘获他的心？

多年来，我并未理解教育子女的明智之道。我默认的选择是，"你应该接受这样的后果，这已成定局！"我没有努力和孩子沟通。多少次宝贵的机会被我们白白错失！

谢天谢地，那天我还算头脑冷静。因为使用了诋毁他人的言辞，儿子必须承担后果。但我把握这个机会来树立他的品行。他挨着我坐下，眼睛盯着地板，很明显对刚才自己说的话心生悔意。我轻声叫着他的名字，他慢慢抬起眼睛看着我的脸。我们的目光相遇，我平静地说："儿子，你认为你对他们说出那样的话，别人感觉好不好？"

他摇了摇头，嘴里嘟囔着："不好。"

"你愿意别人对你说那样的话吗？或者那样谈论你吗？"

他又摇摇头。

"我不希望你再那样说话。你可以使用更友善的言语。你的身体里有颗善良的心，你表达爱意的方式棒极了。永远不要忘记这一点：你是个有爱心的人。儿子，你是我认识的最有爱心的人，因此我为你感到骄傲！"

听了我的话，他想了想，然后抬起头，露出微笑。

我希望我的儿子成为一个说话友善的人，一个品行端正的人。这就意味着我必须成为说话友善的人，包括对他，我必须在生活中品行端正。这做起来并非易事，尤其是当我重复某件事无数次，我觉得再说一遍就要爆发的时候。但是发作对孩子或者对自己一丁点好处也没有。过往的经历让我明白了这一点。我努力克服自己的挫败感，当我看到树立孩子品行产生了积极成果的时候，选择更明智的方法也容易多了。我领悟到的就是称职家长的行为。

《圣经》中的父母

不久前，我和一个孩子因为几件事发生了口角。我自然固守自己的立场，而她也坚持自己的观点，我们两个人僵持不下。这一场景大家听起来很熟悉吧？

听到我的哀叹，我的一位熟人提出一些建议，"你有必要看看《圣经》中关于教育子女的内容，你会找到答案。看看《圣经》中的父母是怎么做的呢？"

可以说，《圣经》中随处可见趣味盎然的事例。虽然它可以提供父母所需的核心智慧，其核心要义却并非充当父母指南。虽然耶稣和保罗（Paul）[①] 提供了多条家长准则，比如宽

---

① 保罗（Paul）（公元 3~67 年），《圣经》中的人物，亦称为使徒保罗，天主教翻译作圣保罗。保罗是亚伯拉罕的后裔，是出生在国外的犹太侨民。保罗是第一个去外邦传播福音的基督徒，是世界上第一位穿梭外交家。他被基督教历史学家公认是对于早期基督教会发展贡献最大的使徒，可称为基督教的第一个神学家。基督教在希腊、罗马的迅速传播，与保罗的多次远行传道密切相关。后被罗马皇帝尼禄处死，为主殉道。——译者注

恕、耐心、真诚，但是没有一个人生来就会做家长，所以我们不要指望这些准则就是教育子女的模式。但是下列从《圣经》中摘选的教育子女的事例，可供我们参考。

挪亚（Noah）[①]。这个人就是实例，对吧？挪亚建造橡木方舟拯救了家人，纵使情况看似不合逻辑，他依然笃信上帝。上帝认定他为正教柱石。《圣经》有云："挪亚遵照上帝的话。"（《创世记》：6:22）他对上帝的奉献一定为自己的儿子树立了一个典范。但根据洪水过后发生的一些事件，我们看到挪亚也并不是无可指摘。（《创世记》：9:20 - 27）

亚伯拉罕（Abraham）[②]。在《罗马书4》[③]中，所有以亚

---

① 挪亚（Noah），是《圣经》中记载的人物，据传活了950岁。《创世记》中说，上帝认为他是一个义人，是个本分的虔诚信徒，上帝造了人，但见地上都是罪恶，便决心毁灭这土地。此时挪亚在上帝跟前，上帝相信挪亚的善，于是命他造方舟，率领一家老小和世上所有生物各一对登上方舟，躲避这洪水之灾，最终挪亚家人和众多生灵存活下来。洪水过后，挪亚与上帝订立契约，繁衍生息。有一日他在葡萄园酒醉赤着身子，被小儿子迦南看到，他惩罚了小儿子及其子孙，奖励了另外两个儿子。这种做法有失公允。——译者注

② 亚伯拉罕（Abraham），名字的意思是"众人的父"，是《圣经》里面的一位人物，希伯来族长之首，为犹太教（Judaism）、基督教（Christianity）和伊斯兰教所崇敬。据《旧约·创世记》所载，亚伯拉罕75岁时受主召唤，离开乌尔城，带着族人建立新国家。神与他定约，其后裔将来会继承这块土地，并成为大国。当上帝要求亚伯拉罕牺牲其子以撒以考验其忠诚时，他也准备遵命，但上帝后来改变了命令。在犹太教里，亚伯拉罕是美德的典范；在基督教里，他是所有信徒之父；在伊斯兰教里，他是穆罕默德的祖先和宽大的楷模。——译者注

③ 《罗马书》（Romans），是《圣经·新约》中的一卷，本卷书共16章。记载了使徒保罗写给罗马教会的书信内容，包含他对基督信仰、罪及救恩等问题的见解。——译者注

伯拉罕为典范的信主之人，视他为属灵父亲，我们起初或许对他愿意向上帝献祭自己儿子的生命而困惑不解（《创世记》：22:1－19），最后我们意识到，这样做有违他的个人意愿，是出于他笃信上帝发出的献祭命令。还有夏甲和以实玛利的故事[①]证明了亚伯拉罕也有瑕疵。（《创世记》：16,21）

雅各（Jacob）[②]。以色列这个国家就是因雅各而得名。事实上，雅各的十二个儿子在他过世后依然对他忠心耿耿，在《创世记》第49章，我们看得出他很了解儿子们。然而，有人指责他偏袒约瑟夫（Joseph）和本杰明（Benjamin），他们是他深爱的拉结（Rachel）仅有的两个亲生儿子。于是再一次证明，我们的圣人都有自己的软肋。

---

① 亚伯拉罕85岁时，他的妻子撒拉还是没有身孕，而且年纪也大了，于是她把自己的使女夏甲给了亚伯拉罕为妾。夏甲生下亚伯拉罕的第一个儿子，取名为以实玛利，后来成为以色列人的世代仇敌。神在亚伯拉罕99岁的时候向他显现和他立割礼立约，并告诉他撒拉将为他诞下孩子。神与亚伯拉罕及后代立约——一个永世长存的誓约，作为这个约的记号和提示，所有的男子，在生下来第八天都要行割礼。神的立约不适用于夏甲的儿子以实玛利的子孙后代，而只适用于撒拉的后代。——译者注

② 雅各（Jacob），是以色列十二支派的先祖，《圣经·创世记》中的人物。根据《圣经》记载，为亚伯拉罕的孙子，以撒的儿子，又称以色列。他的十二个儿子均为一族族长，是以色列民支派的十二先祖。雅各的人生充满传奇和趣味。他梦见天堂之门，听见神重申对他祖父的誓约，与天使摔跤而瘸腿，神赐名以色列，他的后裔被称为以色列人。雅各与祖辈父辈不同，性格中有人性的弱点一面，他以一碗红豆汤买下哥哥以扫的长子权，用计骗取父亲以撒对他的祝福。与岳父拉班斗智斗勇，先后娶了利亚和拉结两姐妹，而他最爱美丽的拉结，拉结仅留下两个儿子约瑟夫和本杰明，就难产身亡。——译者注

玛利亚（Mary）和若瑟（Joseph）。[①] 年轻的玛丽承担起生育抚养弥赛亚的责任，纵使她接受这一天职时大为震惊。约瑟夫同样要接受一项艰难的任务，抚养一个众人皆知非己所出的儿子。我们知道他们都深爱耶稣，尽管全家踏上前往耶路撒冷的旅程后，有三天之久不知他的行踪，他们依然待他极为和善（《路加福音》，2:41 - 51）。对我们这些有收养或领养子女的家长而言，当我们读到这则故事时，我们想到的只有"要接受儿童服务部的调查"！

这些故事中包含着我看重的内容，故事谈及的都是真实的父母。他们都是活生生的人，会犯错误。然而，这些错误并没有让他们失去发挥强大能力的机会，也未改写他们遭遇的不幸，这就是恩赐的力量。我认同这一点。在教育子女十六年的旅程中，我曾在重大时刻把事情搞砸，我曾有过的

---

① 《圣经·新约》称玛利亚还是童真女时受圣神感应而怀孕。部分基督教宗派对其有"圣母""万福玛利亚"等尊称。玛利亚的丈夫名叫若瑟，亦称"大圣若瑟"，勇毅地接受上主赐下的使命，保护圣母的童贞及鞠养天主降生成人的圣子，又称弥赛亚（受膏者）。当时罗马皇帝奥古斯下旨进行人口普查，玛利亚和丈夫若瑟逃离故土经过伯利恒城，在寄宿旅舍外的马厩里生下了耶稣，随后善护耶稣去埃及避难，最后回到拿撒勒定居。耶稣从小就知道自己的使命，十二岁时他与父母上耶路撒冷守逾越节。守满节期，耶稣未与父母回去；父母找了他三天后，才看见他在耶路撒冷圣殿里，坐在犹太教师当中，边听边问。凡听见他说话的人，都对他的聪明和应答感到惊奇。他父母看见就很稀奇问他为什么这样做，让父母伤心来找他。耶稣说："为什么找我呢？岂不知我应当以我父的事为念吗？"他所说的这话，他们虽不明白，但不予反对，又带他回到拿撒勒。——译者注

所言、所想、所行都算不上一个称职的家长。正如去年自驾之旅活动中，我们提醒伙伴们所说的话，"大家都是称职的父亲，合格的丈夫。界定个人优劣的绝不是过去的失败，而是那些因你而欢欣踊跃的人。"就连挪亚、亚伯拉罕、雅各、玛利亚、若瑟这些人也有瑕疵，我们的不足和罪恶不是我们的代名词，同样不能为我们定性。对于祖父母、阿姨、叔叔、看护人、监护人而言，对于任何对孩子的生活肩负责任的人而言，这一点亦是不刊之论。本书谈及的教育子女，大家能领悟到这一阶段，就证明你希望尽己所能成为最优秀的父母，希望为孩子成为最优秀的父母。成为称职的家长并非要求你尽善尽美，决断英明，做事万无一失；尽管自己不尽完美，称职的家长依然把握当下这一重要时机；成为称职的家长还意味着慈爱，无条件的关爱、感恩。因为我们自己接受过这样深厚的福泽。

《圣经》为我们展现的子女教育实例，取材于同我们一样鲜活的个体，但却催生我们的心中结出仁爱、喜乐、和平、忍耐、恩慈、良善、信实、温柔、节制的果实（《加拉太书》5:22-23）。它教导我们，从日出到日落和孩子们谈论我们的殷殷希望（《申命记》, 6:7）。它提醒我们要宽以待人，正如上帝待世人的仁恕之心，这才是最好的生活方式（《马太福音》6:12）。感谢上帝，他不仅仅看到了我们的外在行为，更看到了我们的心。（《撒上》16:7）

称职家长的四种角色

在家长的众多角色中，我们在此详细说明四种，这四种是判断称职家长的标准：

养育者

在成长过程中，我认为我妈妈是孩子的养育者，当我黯然神伤的时候，她是我寻求仁爱、良善和温柔的人；我爸爸是纪律严明的人，他是让我学到自信、力量、领导力的人。当我受到伤害、心情低落、精神崩溃的时候，我会跑到妈妈身边；当我需要建议或帮助的时候，我会去找爸爸。最初几年，我带着这样的认知踏上自己的教育子女之路。在年幼的孩子难过不安的时候，我退到一边，认为他们需要的人该是妈妈。上床后和他们依偎在一起，家庭电影观赏之夜把他们搂在怀里，这些事我统统回避，因为我担心这会模糊我在他们眼的家庭强势领导者的形象。随后我意识到，我很喜欢像妻子那样照顾子女，而妻子想要和我一样引导教育孩子。

克里斯汀和我都喜欢扮演教育子女的各种角色，不管这种作用"应该"是妈妈管，还是爸爸负责。我认为我们生活的这个社会对谎言偏听偏信。我最喜欢做的一件事就是，在孩子生病或者受伤的时候照顾他们。最近，我带着三个儿子去宿营。晚上较小的儿子冻醒了，他的呜咽声把我唤醒。他告诉我出了什么问题后，我马上从床上爬起来，帮他重新安置床铺，让他的身子暖和起来。我给他盖好被子，再次向他保证，我会陪着他帮他驱走寒意。我的臂膀拥着他，紧紧抱着他，直到他沉沉入睡。如果我认同传统的观念，我就不会以这种方式处理问题。我可能会说忍耐一下，不要哭了。当时如果那样做的话会带来什么好处？会加深我和儿子的沟通吗？

另外，我们的生活中，我妻子绝大部分时间是家庭主妇，打理家务，照顾孩子。她的工作比我所做的更繁忙更重要。她是家里的王中王。她说起话来滔滔不绝，自信满满，直言不讳。很多时候家中诸事由她当家，我也乐得听从。最近，我要离家几天，她不仅要让孩子完成学校的课程安排和课外活动，还要处理几项家中修缮事宜，还要浏览 YouTube 上的视频，选出解决我们家一台故障车辆的省钱方式，为我们节省一点开销。这些都需要在一天内完成！我们最初搬入乡村的时候，我们体验过断电。她打电话给电力公司，还和他们就这一项目的支出经费进行谈判。她是真正的女超人！如果她听从传统的观念，就会等我来把这些事都解决（我极不擅长此道），或者让我来负责教孩子培养力量和勇气。再说，如果这样做会带来什么好处呢？

妈妈和爸爸都是养育孩子的人，都是家中的领导；妈妈和爸爸都是勇气和力量的示范；妈妈和爸爸都会使用工具箱，都能在谷歌上检索怎样修理锅炉（这是真事！）。不要相信那种说法，只有妈妈养育孩子，只有爸爸才是修理工，是家长的领导。如果家长双方都能悦纳养育子女的角色，孩子们的自信心和安全感就会增强。

守护者

成为孩子的守护人是不存在特定性别分工的又一证明。我们拥有这项不可思议的特权，挺身守护孩子。我们如何理解这句话？当我们听到守护这个词，会想到很多。可能你会想到守护孩子远离身体的危险。当然，这是其中一项内容，但其含义远胜于此。我们孩子生活的世界，试图让他们相信他们是失败者，一文不名，个人表现差强人意，本人不漂亮、不聪明、天赋不足。称职的父母要守护孩子的心，守护他们的思想、才华以及固有的本性。父母要守护孩子，不受来自不友好的同学或者太过严苛的教练的言语影响。父母要守护孩子不受外界的影响，这个世界要求人的外表和穿着符合某种标准，提倡社会地位和个人行为达到某种要求。这样做就会加强父母子女之间关系的纽带。

你还记得 1992 年的一部电影《红粉联盟》(*A League of Their Own*)[①]吗？如果没有，尽快找个时间看看吧。这是

[①] 《红粉联盟》(*A League of Their Own*)，1992 年公映的一部美国喜剧电影，由潘妮·马歇尔执导，讲述了发生在第二次世界大战期间，一支史无前例的女子棒球队由组建到发展的故事。——译者注

部美国经典电影。这部电影堪称二战期间全美女子职业棒球联盟的年代记。在最初的情节中，棒球教练厄尼·卡帕迪诺带着新招募的队员基特·凯勒和多蒂·欣森，一起去拜访另一个可能加入的队员马拉·霍琦。她是一位能力非凡的棒球手，能把男孩子甩在身后。但当她摘下帽子时，厄尼退缩了。他因她相貌平平而心生反感，以至于连她非同寻常的棒球天赋也不予考虑。他起身离开，但是马拉的父亲与他对峙，坚定地维护女儿。他解释说，他把她培养得像男孩子一样，要厄尼不能小瞧她。

这就是守护孩子的含义。当情势对孩子不利时，当他们被人轻视时，我们为他们而战。一边是我们深爱的孩子，一边是完全执着于行为与外表的世界，我们矗立其间。这并不是说孩子在学校放火、考试作弊、偷窃钱财时，我们怒气冲冲闯入校长办公室去营救孩子，但是我们要捍卫他们的价值、天赋、创造力、准则，永不退缩。

当我们真正清楚孩子的本性时，我们就可以维护我们的孩子。正如我的朋友詹森所说，"我们必须先预知孩子的言行心声，才能守护他们。"当我们退出训诫者和掌控者角色时，我们就能解放出空间，担负起至关重要的守护人角色，这是我们表达慈爱恩泽的最好方式。

孩子的自信心、价值观及最后的成功，取决于我们坚定地捍卫自己所见的事实真相，以及自己对孩子的了解。

领导者

过去我一直相信，我的任务就是收拾孩子。有几个孩子因为受过创伤而被我领养，这些创伤造成了某种行为和纠结的发生，有时会度日维艰。但他们日常的大部分行为不能称之为过失，虽然我过去曾经这样认为。几年前，我把孩子看作行为失当的坏小孩。我想自己的主要任务，就是管理孩子的行为，尽己所能控制孩子的行为。很快我就意识到，这并非我作为家长的天职。事实是，我们没办法强迫孩子满足我们的期许。我们可以努力感化他们的心，影响他们的行为，不过尝试完全掌控他们却是徒劳无功的。只关注外在表象，强迫表面形式符合某种外化标准，如果没有同时解决内心问题，这样只会导致孩子谨言慎行不被他人抓到把柄，而不能令他们自主形成良好的行为准则。我的父亲试图用吵嚷、训诫、嘲讽的方式来修正我的行为，我的反应就是更密切地注意外在的细节内容，这样下次我就不会被他抓到。

领导的意义是什么？在众多内容中，一个领导人就是一个典范，一个躬身力行引导他人的人，一个言出必行的人（典范的作用太重要了，我会把它作为一个独立的教育作用进行说明）。

领导者是决策人，是耐心倾听后，在需要决策时承担起应有责任的人。

领导者是大胆的先行者，勇敢地挺身而出的主力，将从众挡在身后，迎向前方的危险。

正如我们所见，领导者不仅执行健康有益的标准和边界，还要遵照诚信的标准生活。诚信的人于明于暗名实相符。人们相信他们表里如一。

领导者也是公仆。他们把他人放在首位，关注他人的需求。

领导者尊重他人。作为家长，我们期望孩子尊重我们以及其他权威人士，那么我们必须给予孩子同等的尊重。掌控、牵制、命令，并不是我们的天职。

我们的天职是真正发挥引领作用。或许你从未想过自己要做领导者，但是我向你保证，不计男女性别，如果你是家长，你就是领导者！在你和孩子爆发战争的过程中，你做出退让，稳定情绪，牢记自己的角色，这些对你与孩子建立关系至关重要。

示范者

我们要做孩子的典范，学会感恩、慈爱、宽恕、忍耐、良善、温柔、节制。即使在自己的影响力发生位移后，当我们的影响力排名突然滑落到第四位时，我们上初中高中的十几岁孩子，还是要从我们这里找寻生活的答案，即使当时他们似乎听不进去。我知道，这听起来会让人心生这样的感觉，似乎在孩子的生活中，其他任何人都比家长有影响力，但是他们以我们为榜样，这一点确定无疑。在这个疯狂的世界里怎样生活，怎样融入其中，这是他们试图解决的问题。他们探索自己在这个世界的定位、自己的身份和生活意义。当然，他们会从他们的朋友那里找寻答案，他们会受到名人的影响。但在白昼逝去后，他们还是想向我们这些家长学习，即使他们没有表现出来。我们拥有这样无可替代的辉煌时刻，为我们的孩子示范最重要的价值观，以及生活的技能。

最精彩的内容是什么呢？当我们成功地进行示范，当我们放下担忧与不安，相信自己在孩子的生活中具有影响力时，我们就不必进行繁复的言语说教。孩子看得到我们在生活中展现出来的美德，他们开始把自己的见闻运用于生活之中。

子女爱戴的父母

我最喜欢的银幕上的父母角色，出现在 2010 年的一部电影《绯闻计划》(*Easy A*)[①] 里。电影讲述了奥利弗这个高中女生的故事，她充分利用校园里的流言蜚语，推展自己的社交生活和财经生活。她在自己的约会之事上撒了谎，这时她发现自

---

① 《绯闻计划》(*Easy A*)，2010 年公映的一部美国爱情喜剧影片。由威尔·古勒执导，影片讲述了一个小美女奥利弗在学校里毫不受重视，直到有一天在派对上，她和另一个小男生上演一场轰动的"破处戏"，从而一举成名的故事。——译者注

己陷入麻烦的旋涡。整部电影中奥利弗和自己父母的对话滑稽可笑，但我要强调的是，不论奥利弗告诉父母什么情况，他们总是耐心应对，神态自若。养育者、守护者、领导者以及示范者几种不同的角色，就在他们身上得以体现。

因为最好的朋友对她的所作所为，奥利弗濒于崩溃，她父亲没有讽刺辱骂她，没有打断她的话语，或者说她反应过激。他只是问她是否一切安好。奥利弗承认自己因为给其他同学起绰号，被叫去了校长办公室，这时她的父母先是耐心友善地回应她，进行沟通，而不是立即草率地得出结论，宣布惩罚后果。他们留给奥利弗一个解释的机会，他们倾耳细听。奥利弗的父母相信她是个好孩子，即使她措辞失当。他们了解她的内心和精神世界，因为他们投入时间去了解她。他们还发现，现阶段与孩子的关系不同于以往的阶段。他们处理自己影响力位移的方式，值得更多家长效仿。还未到世界末日，我们对一些境况就反应过激，从而伤害了孩子，家长试图发号施令、加强控制和训诫，都只是外在行为。当然，我们必须设立实施边界，但是践行边界要友善慈爱，永远不要动用打压的手段。

 **思考题**

1. 在哪些方面，你任由过去犯下的错误以及自己的不足，给自己的家长角色（或自己本身）定性呢？

2. 列出自己在哪些方面的做法可以称为称职的家长，哪些方面自己成为孩子们的养育者、守护者、领导者以及示范者。（祝贺你取得的成功！）

3. 成为称职家长的四种角色中，你在哪些方面可以更好地完成其中的一项或多项呢？

第十五章

教育投资，关注奖励

教育孩子是一项长期投资

我一直不擅长理财。事实上，我在这方面能力极差。但我这个人并非挥霍无度，我也不是个痴迷的赌徒。我只是不在无聊的事上浪费金钱，也不会背负巨额债务。当前，我唯一的债务就是还抵押贷款。不过我并没有详细记录收入支出账目，打理收支平衡不是我的强项。

陪伴我成长的父母都非常节俭。我父亲很早就退休了，在他的工友办理退休前，他已经享受了多年的财务自由。我母亲在单位工作了三十年后也早早退休。父亲是个精明的投资人，但是父母都没有教会我和姐姐怎样存钱或者进行投资。

然而，到了 2008 年，这一切发生了变化，教会的戴夫·拉姆齐平稳理财大学录取了克里斯汀和我，当时我们陷入债务的泥淖。这一年我们无法支付房屋抵押贷款，没办法偿还我们的信用卡和两辆车的巨额贷款，这一切就像乌云每日笼罩在我们头顶。我们感受不到喜悦，当然也无法平静生活。这给我的家庭和婚姻生活带来了巨大压力。接下来几年的时间里，我们偿清了大部分债务，重新贷款的抵押条款也更优惠，我们学会了一个全新的概念，那就是投资。

三十多岁那年一个温暖的春日午后，我遇到了一个理财顾问，他和我讨论了一些内容，比如个人退休账户（IRAs）、公司退休账户（403b）、高增长共同基金、股票期权，还有退休计划（retirement plan）[①]。我永远无法忘记那次会面，因为那是我人生第一次懂得虑及长远的重要意义。我意识到我有必要叫停只关注当下的观念，要从深层次更多考虑未来，考虑**我的**未来，考虑**我们的**未来，更为重要的是考虑**孩子的**未来。现在克里斯汀和我投资选用的方式，一定要由其随后支付的红利来

① 美国的退休计划（retirement plan）是美国养老金体系的三大构成要素之一，另外两个要素为社会保险福利（social security benefit）以及部分公司和政府的退休金（pension plan）。在个人自愿，联邦政府提供税收优惠的情况下，设立养老金账户。中产阶级最常用的退休计划有两种，一种是企业退休金计划，个体企业通常采用401k，而403b是由学校等非营利组织的雇主和雇员共同出资的企业补充养老保险制度，适用于在该组织享受福利的雇员。个人退休账户（IRAs）是另一个美国人管理退休金的常用账户类别，由个人负责，自愿参加的个人储蓄养老保险制度，适用于所有能在美国合法工作的美国人与绿卡持有人，任何有收入的个人都能开立 IRA 账户。——译者注

决定。理财顾问说得很明白，如果我们现在及今后一段时间不间断地进行投资，遇到市场下滑时也依然保持耐心，不被吓倒，不断将钱存入投资账户，到我退休的时候，就会得到高额利息。

在理财中我学到一个简单的道理，理财需要时间实现成长，走向成熟。在五年、十年或者十五年内，不会全面实现增长潜能。我们投资的时间越久，财富增长就会越多。那么不间断地坚持三四十年后，即使在财政紧缩的时候也依然坚持，那么投资就会形成巨额的红利。

教育子女和进行投资极为相似。我们希望孩子成人后与他们保持的关系，需要投入时间来实现成长。在孩子进入青春期时，我们还不能尽享成熟关系的成果。与孩子建立丰厚的情谊就像红利，一旦我们历尽周折投入多年的时间，坚持履行边界，做到始终如一毫不松懈，有时还要给予他们严厉的爱，教育培养他们，那么我们就会大有斩获。

在前面的章节中，有关影响力的内容我尽己所知进行分享，这一切都师从我的岳母。我说过在妻子成长的过程中，岳母和她并不是闺中密友，母亲就是家长。的确，克里斯汀的妈妈把握珍贵的机会共进午餐，共赴专属两人的咖啡之约，与女儿深入交谈，把她塑造打磨成了今日的女强人。但是在克里斯汀跨界时，岳母就会强化边界意识，强制实施惩戒后果。她并没有粗暴地完成这一切，但是她做到了持之以恒。谁才是他们家的主事人，这一点毋庸置疑。如果问及克里斯汀的童年时光，她会分享美好的回忆。她还会告诉你，纵使对父母而言这段旅程漫长艰辛，即使自己和父母的关系有过动摇，父母依然用慈爱坚持不懈地教育培养她。这形成了今天她与母亲牢不可破的友谊。在克里斯汀的童年或者青少年时期，当家庭关系要求父母给予她教育的时候，他们并不是她的知己好友，但他们现在已成为莫逆之交。

有趣的是，克里斯汀的父母退休的时候经济宽裕。他们也把自己教育子女的任务视为一种投资，始终坚持储蓄，历时不变。他们懂得对漫长艰巨的任务进行投资的价值，会带来财富以及人际关系上的收益。

那么，我们怎样对孩子进行投资，从而未来在子女关系上获得巨额的红利呢？如果你要问这个问题，那么你已经步入正途。以下这些原则当下会帮助你形成正确的关注内容，不管你的孩子刚步入小学，还是已成长为青少年。

时间投入

本书前面章节内容谈到了在孩子身上集聚美好时光的重要性。这样会将孩子的自我价值意识以及家长对他们的爱植入他们内心深处。但现在着眼于教育子女之路的终极时段，我想从另一个视角谈谈时间问题。听从理财顾问的建议，我们在孩子那里设立的"账户"需要投入时间才能增值。他们不可能在五年甚至十五年后就达到完全成熟阶段。我们务必对这一漫长艰巨的任务持续不断地付出，才能最大程度收获红利。这就需要我们家长投入极大的耐心。

十六年前，我女儿出生时，我开始踏上这一旅程，一直走到今天。在接下来的八到十年间，甚至到她长大成人后，我都是她的家长。这条路没有终点。但经过很长一段时间，我和她之间的关系才逐渐得以发展，我的投资开始充分实现其潜在价值。为了使我们的投资达到最大效益，确保未来获得最丰厚的回报，我们一定要持久地忠诚履行对孩子的义务。

如果你的孩子年纪尚小，你的投资阶段刚开始，在接下来二十年左右的时间要继续投入。从当下到关系成熟期，你要忍耐不计其数的艰难时日。在一些阶段，你的投资似乎没有增值，你在孩子生活中的一切投入似乎毫无意义。但即使在你经历影响力发生位移以及其他严峻考验的时期，你坚持不懈的耐心也会产生增值。你一定要把目光投向最终结果，最终回报。

如果你养育的孩子已到十几岁的年纪，要对突发事件保持警觉，你进行投资的时间缩短，但你还是可以行动起来。时间是关键。你的宝贝眨眼间就要离开鸟巢，踏入现实世界，但在未来的时间里，你还可以每天都在孩子身上进行投资，要富有爱心，要睿智明辨。

对于孩子的投资要有极大的耐心。2008 年，美国的股市崩盘，房地产市场暴跌。众多绝望的美国人陷入恐慌，匆忙提现退休金。他们看不到任何经济回暖的希望，不想再损失更多的财富。他们受情感驱使，失去了逻辑判断。但有些投资人见解独到，明智地听从建议，保持耐心，把钱继续留在账户中，期待市场复苏。这样做的原因是什么？因为在此之前市场总能恢复元气。美国历史上经历了多次经济下滑，每次发生这样的情况后，市场总能实现反弹。有些人甚至建议在这一时期购入股票，因为股票到了低点，最终价格会升值。那些听从建议的人短短几年后就看到了最大程度的增长。

不幸的是，我们置身于一种失去耐心的文化之中。在星巴克，在商店排队，在施工区域，甚至在旅店度假，等候让我们失去耐心。作为父母，我们常常屈从于失去耐心，甚至对待对孩子进行长期投资这件事也是如此。当我们与孩子的关系开始走下坡路，我们就会惊慌失措，变得焦躁不安。有些人就开始过度行使父母的权利，提升责罚的严厉程度，维护指挥官或者导师的权威，唯恐局面失控。其他人会成为梦想家，想成为孩子永远的朋友，孤注一掷地希望成为孩子的朋友就是解决问题的办法。

解决问题的关键很简单，就是保持耐心。坚持教育孩子是一项漫长艰巨的任务，要将责罚、初衷、关爱、引导有机融为一体。

坚持不懈

对孩子的生活进行投资时，仅仅抱着建立美好关系的希望，久久等待，这远远不够。我们一定要充分利用时间，坚持不懈地在他们的生活中进行健康有益的投资。

坚持不懈能改变任何投资的最终结局。还记得乌龟和兔子吧？乌龟赢得比赛的唯一原因就是它的持之以恒。当兔子打盹的时候，乌龟仍然坚持到底。我们持之以恒地投入关爱、时间、教育、边界、等待，在度过艰难期时这样做尤为重要，因为那正是孩子们可能做出艰难抉择的时候。我们可能感受到失败，但他们也有同样的感受。如果我们继续持之以恒，度过那些困难时期，我们会看到成果。

如果你的教育之路进入尾声，你才想到开始扭转情势，那会很痛苦。我曾经决定参加在印第安纳波利斯举办的半程马拉松[①]。即使我为这项赛事接受过训练，这依然是一场艰苦的比赛。最初 7 英里赛程苦不堪言，我的身体濒于崩溃状态。踏出的每一步都异常艰难。但我的目标是跑完赛事，我坚持跑下去。我下定决心要到达终点线，打定主意不在乎双腿双脚的疼痛。当跑过 7.5 英里的时候，神奇的事情发生了，我体验到了"跑步运动员的亢奋状态"。我的身体调适过来，我突然感觉自己跑在云端之上。我适时跑完赛事，那种感觉妙不可言。如果我在最初 7 英里放弃赛事，我永远也不会达到跑步运动员的亢奋状态，不能到达终点线。

---

① 半程马拉松（half marathon），目前国际上从众增长最快的赛跑项目。路程长度是 21.0975 公里，或 13.1 英里。半程马拉松的程长很有挑战性，但对跑步者的要求不像全程马拉松那么严苛。——译者注

在教育子女的过程中（在人生的各个方面），坚持不懈可以扭转局面。

专注目标

许多家长会问："如果我在孩子的生活中投入多年时间，我应该期望未来产生什么样的回报？"父母子女的关系各有不同。我认识的不少父母，在孩子的青春期与孩子发生纠纷，但等孩子成年后关系有所缓和，他们恢复了健康关系。下面说说我和父亲的故事。经过过去那段艰难时光，我现在几乎每周都和他交流，我们都很享受拥有彼此的陪伴。我敬爱父亲，他也关爱我。

我见过少数家庭在孩子的青春期和少年时期，父母子女关系融洽，但随后的关系却急转直下。我们无法预见我们关系发展的走向，正如我们无法预测股票市场的动向。当下到孩子步入成年，存在诸多无法预知的因素。然而，我可以告诉你，我见证过的成功案例不胜枚举，那些家长选择在孩子的整个童年时期，在孩子的生活中投入时间与关爱，带动影响他们，践行健康的边界。尤为重要的是，当家长们理解悦纳自己的影响力发生位移时，当他们避免踏入指挥官、导师、孩子永远的朋友或者梦想家的陷阱时，当他们选择成为具有影响力的家长时，他们就会取得成功。

你可能希望孩子成人后与他们保持融洽的友谊，和那个自己带到世间的宝贝，那个自己迎进家门的宝贝，那个自己抚养成人的宝贝建立起伙伴关系。之前的内容提到过，我从未见过有哪个家长，看着自己襁褓中的新生儿，或者刚刚领养的孩子，会有这样的想法：**天哪！我希望我会令这个孩子一蹶不振！**我们都希望最终结局情节精彩，足以颁发奥斯卡金像奖。我们都希望某一天回首往事，会觉得自己做得很出色！

所以，我们在和孩子打交道中的方方面面，都必须放眼未来。在他们心中投进的每一笔存款，应该由这个问题决定——我希望带来什么样的结果？我妻子的这句话绝对是真理，"我们不是在培养孩子，我们是在培养成年人！"在看不到光明的日子里，我们很难回想起这句话，很难牢记我们不应该期待短时期就能看到最终回报。回报会出现，只是还在路上。当我们养育的宝贝女儿或儿子要和我们进行朋友之间的沟通时，时机就到了。自初为家长的那几年时间，自孩子青少年时期家长影响力发生位移的阶段，一直到步入成年，我们都要持之以恒地投入时间，做到这一点才能有所回报。不要放弃慈爱，也不要放弃为爱而进行的责罚。秉持前瞻性的观点教育子女，日复一日，这就是形成未来回报的因素。

写到此处，我正在和我的家人在佛罗里达州的圣彼得斯堡度假一周。在家人还在熟睡之时，清晨我就早早开始写作。我们需要这个假期！老家的冬天漫长严寒，事实上，那里此刻正在下雪，要一直延续到春天来临。佛罗里达州气温达到 80 华氏度，阳光明媚。我的岳父岳母也和我们在一起。克里斯汀和自己的母亲一起洗衣服，或者在厨房忙碌，这时她们以朋友的身份倾心畅谈，乐在其中。她们彼此没有不可言及的问题。这就是长期投资带来的丰厚的红利。

第二天晚上，我们聚在一起，谈起克里斯汀的童年，转而谈到父母影响力的话题。她母亲分享了一些关于责罚与边界的趣事。她谈到在克里斯汀高中快要毕业期间，她把自己做出的决定告诉克里斯汀，要带着女儿一起出去喝咖啡，因为女儿很快就要永远离开家。趁女儿尚未长大成人，她要把时间投在女儿身上。克里斯汀分享自己多么珍视母女共度的那些时光。

我们在孩子生活中的投资时间越久、越专注，未来形成的关系红利就会越丰厚。

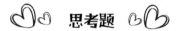 **思考题**

1. 为什么长期教育子女的观点非常重要?

2. 想一想自己教育子女的过程。当孩子长大成人时,你希望在未来看到何种红利?

3. 你现在怎样做,才能确保自己在孩子身上的投资未来会产生丰厚的回报?

第十六章

正确的方向，决定终点

教育子女不仅需要良好的初衷

我是俄亥俄州立大学七叶树队（Ohio State University Buckeyes）的铁粉。绯红与铁灰融入我的血液[①]。在辛辛那提市郊外俄亥俄河沿岸有个小镇新里士满，我在那里长大，支持俄亥俄州立大学在当地几乎成为一种信仰。我妻子生活在

[①] 俄亥俄州立大学七叶树队（Ohio State University Buckeyes）是美国俄亥俄州立大学的校队，拥有 19 支不同项目的男子队伍以及 20 支不同项目的女子队伍，参与 NCAA 橄榄球六大顶级联赛分区之一的十大联盟的赛事。俄亥俄州立大学七叶树和密歇根大学狼獾队是赛场上的宿敌。猩红色和灰色是俄亥俄州立大学的校色，"绯红与铁灰融入我的血液"（I bleed scarlet and gray）是该校队的宣传口号。该队的现任教练是伍迪·海耶斯。——译者注

俄亥俄州的韦斯特维尔市，那里的人们对竞争对手密歇根大学狼獾队的态度，几乎到了憎恶的程度，这也几乎成为一种信仰。比赛季是神圣的日子，伍迪·海耶斯何止是站在神的右首随侍，他与神近在咫尺。你可能认为我在开玩笑，但是任何来自俄亥俄州的人都会向你证实七叶树队的球迷严肃认真的态度。

在秋日清爽的周六清晨，朋友们用代表七叶树队的绯红与铁灰色装扮一新，我喜欢开车载着他们，沿 I–70 公路驱车向东，从印第安纳波利斯行至那座可爱的城市哥伦布。数以万计的狂热球迷聚集在心中的圣地俄亥俄体育馆（又称马蹄铁体育馆），为胜利欢呼呐喊。这件事无可比拟，我从未想过白白错过一个赛季，不去参加这样的盛况。就连不是球迷的人都这样告诉我，比赛的日子置身于俄亥俄体育馆，远胜于他们亲历的任何赛事。

假如在那些明媚的周六清晨，我打扮一新，穿着七叶树队的运动衫，脖子上戴着年轻人的螺母项链，驶入 I–70 公路向西行至密苏里州圣路易斯市，会发生什么事？我告诉你**一定不会发生**什么事。我就没办法开车去看俄亥俄州的比赛，因为我会走错路。我可能**祈愿**我走的路线没有错，我可能**期望**我走的路线没有错，我会**说**我走的路线没有错，我甚至会**祈祷**我走的路线没有错。

但是除非我停止沿 I–70 公路向西而行，在出口处调转车头，反向向东行驶，否则的话我永远也无法实现原初目标。

旅程应找对方向，不能仅凭初衷

作家牧师安迪·斯坦利分享了他称之为路径原则的一段内容："方向不同于初衷，它决定了最终的目标。"[①] 大约在八年前，我读到这段话，现在依然能唤起我的共鸣。这一点适用于生活中的很多方面，尤其适用于教育子女。

想一想，在我们生活中有多少次我们的**初衷**是完成某件事，进行家庭装修，偿还消费账单，更好关注健康，为家庭成员投入更多时间，但我们并没有做到。为什么没做到？可能是因为背道而行。如果我们的初衷是减掉三十英磅[②]的体重，可是却总在星巴克或者麦当劳门前停下脚步，这就与减轻体重南辕北辙。如果我们想减少消费账单，却继续拖欠还贷，而不是支付账单，就与实现经济自由背道而驰。2016 年 9 月，我开始在我们家拓建一个房间。我原计划几天完成，继而变成几周，最后转为几个月。我的**初衷**是完成房屋建设，但却北辕适楚。

我们可以亲身实验，度过教育子女的这段时光，旨在与孩子一起完成当为之事。但如果我们不能积极采取措施沿着这个思

---

① 安迪·斯坦利，《路径原则：如何发展当下阶段，实现理想阶段》，那什维尔：托马斯·爱迪生，2018，14 页。——原文注
② 30 英磅 ≈ 13.6 千克。

路行事，我们就永远无法达成我们的预期目标。如果我的孩子跨越家中规定的边界，我必须坚定不移地让他承担跨界的后果。如果我希望培养有品行的孩子，那么我必须采取措施树立个人品行的榜样，塑造家庭的行为典范。如果我希望和成年的孩子保持健康有益的关系，我必须当下就要把目标做好标记，在他们的童年以及青少年时期，坚持不懈地感化他们，引导他们。这一点实践起来并不容易，尤其是在我们担心自己的影响力日渐消退，想要默许前述四种不健康的教养方式之一的时候。但是，成为梦想家、孩子永远的朋友、指挥官、导师，其中的任何一种方式都会让我们偏离正轨，离我们预期的目标越来越远。这些教养方式通常会让良好的愿望面目全非，而且缺乏行之有效的引导性。

我们很容易跌入这样的泥淖，怀着良好的愿望，却不能坚持到底。最近，十六岁的女儿提醒我，她四岁时我曾许诺带她和姐姐去乘热气球。那天夏日炎炎，我们看到了远方的气球。我们欢呼雀跃，我开着小货车拉着两个女儿还有她们的哥哥，一路追寻气球的轨迹。我们行至离家数英里外教堂的停车场，坐在那里，看着飞行器飞过静谧的天空，中西部地区的空气蒸腾起热浪。我把女儿抱在膝上，低声向她们做出这个承诺。

十四年过去了，这个承诺依然没有兑现。我的初衷是体现善意关爱，做个可敬的父亲，但是我未能沿着正确的方向采取措施。

父母的影响力有多深，取决于我们个人与孩子共处付诸实际行动时秉持的方向，一定要记住这一点。起初我们怀着充满爱意的初衷，但在实现自己的信念、价值观以及承诺过程中却变得松懈怠惰，这样的情况很容易发生。我们生活的这个时代，现在的人们抛弃价值观以及自己的承诺，就像呼吸一样普通平常。举个例子，我们来看一看美国的离婚率，有超过40%的婚姻家庭离婚解体。[1]当那些夫妇走过教堂的长廊时，他们的初衷都是维系这段婚姻，但他们缺乏必要的方向指引，从而忠诚地履行自己的承诺。你可以看到大学的辍学率，还有众多毫无意义的职业转换，都是一样的情况。无怪乎沿着正确的方向采取名实相符的行动，需要父母奋力拼搏。

我们不能领导我们自己不去的地方

前边探讨了边界意识对孩子的重要性。边界意识对于我们这些做家长的人有何意义？事实就是我们不能领导我们自己不去的地方。无法左右自己的事，我们也无法借此左右孩子。如果我们旨在引导孩子朝某一方向行进，但我们自己却没这样做，那么我们的领导力以及影响力就毫无意义。

很久之前，我听到我父母这样说："按照我说的做，不要

---

[1]　约翰·哈林顿，夏延·巴金汉姆，《黯然神伤：各州离婚之都纪要》，《今日美国》，2018.2.2。——原文注

等我做到了你才肯做！"你可能也听自己的父母这样说过。我来解释一下这句话，"我是家长，我说了算。你是孩子，这事你说了不算。我在告诉你做这件事，我是否做到无关紧要，你必须做到，因为这是我说的。"

这就不是健康有益的教育方式，这是极其虚伪的做法，尤其不适合孩子，他们对此一清二楚。没有影响力的家长不要指望孩子的生活中规中矩，而那些中规中矩的家长的影响力自然不能同日而语。有影响力的家长期望孩子言听计从，是**因为**自己起到了上行下效的示范作用。我们认为这就是言行一致，这是有效教育方式的关键一环。

自己的生活原则有别于对孩子提出的要求，也就是执行双重标准，这就不是朝着既定目标前行，而是**背离**我们的预期目的。如果我背道而行，却希望孩子合乎正道，那么他们反其道而行就不足为奇了。如果他们不按既定模式行事，他们只是对我置若罔闻，而非因我妄生悖逆。

我来讲讲自己在教育子女过程中经历的一次惨痛经历。提及成年后对教会的奉献，克里斯汀和我都有过不良记录。我们日渐成熟，教会对我们而言就是最重要的内容。我们热爱自己所在的教会青年社团。在礼拜仪式前我们总是最早到达，仪式后最晚离开。但是过去的二十年，作为成年人在教会遭受的惨痛经历，使我们伤痕累累，心灰意冷。自大学即将毕业到2014年，我先后在四所教会奉事。其中三所教会的经历让我受到重创。2015年至2017年，克里斯汀成为两所教会的会众，其中一所教会给她留下美好的体验，而另一所教会中滥用职权的现象玷污了一切。无意间，我们的孩子成为我们痛苦悲伤情绪的牺牲品。虽然我们在教会的体验很糟糕，但孩子们热爱教会，他们在那里建立起丰富的人际关系，不过每次教会运营状况不佳，会令他们垂头丧气。

起初我们热爱先前所在的那所教会，热情地投入到所在部门的工作。这所位于市中心的教会致力于服务贫困地区的弱势群体，我们所有人都对这项事业充满激情。一年半后，情势急转直下。同样对工作充满激情的会众，由于教会环境恶化离开了那里。最终，我们也走了。我们夫妻还有孩子们透骨酸心，我们认为自己再也不会在教会任职了。

我希望澄清一点，我们热爱教会，我们相信教会，我们热爱耶稣，追随耶稣。但我们在教会遭受过惨痛的经历。我们看到我们喜爱的人因不正当理由受到极不公正的对待。通常来说，我们看到生活中塑造的耶稣，我们听到布道所讲的耶稣，和我们在《圣经》中了解的耶稣判若两人。这让我们身心俱疲，心灰意冷。我们决定暂时告一段落。我们是基督教徒，但还是会有这样的瞬间，我们没办法无视其他宗派传递的光明，内心苦不堪言。我们不想再要心机，我们希望自己所在的教会能践行《圣经》中的耶稣教义。

在中止教会活动期间，我们暂时打算在家里进行祈祷，甚至邀请朋友一周一次来参加家庭礼拜活动。但我们善意的初衷缺乏坚定的方向做后盾。有时会连续几周没有礼拜仪式，我们只是一家人聚在一起，连《圣经》也未打开。对于克里斯汀和我而言，践行《圣经》的教义很重要，但我们没有坚守自己的宗教价值观。中止教会活动的这几个月时间，我们意识到孩子们的态度开始发生实质性转变，在他们的信仰方面体现得尤为明显。克里斯汀和我发现自己对宗教信仰的态度也渐渐变质，我们不良的态度波及孩子。

我们不得不面对严酷的现实，我们很自责，这一切不能归咎于他人。我们成年人期望自己的孩子笃信并践行宗教信仰，自己却没有做出榜样。我们善意的初衷是在精神上感化孩子，但如果我们的行动偏离了正途，这一初衷就毫无意义。我们不得不认真转变自己，因为我们引导孩子树立坚定不移的信仰，自己却意志不坚定，于是孩子们不肯接受我们的引导。

今天，我们成为一个真正富有慈爱之心的信众团体的一分子，这个社团就在我家附近，成员都是那些从前一起在教会共事的教友。我们万分感激。孩子们的态度也恢复如常，我们一起渐渐成长。一想起我迷失方向的初衷危害了孩子的精神状态，我就不寒而栗。

有规划的教育，有别于善意的初衷

有规划的教育与初衷善意的教育二者截然不同，这一点很重要。有规划的教育需要有目的、有方向，并加以贯彻；需要确定我们希望家人选择的道路，并且落到实处；需要坚持不懈地引领孩子培养品行、价值观，做到言行一致；需要放弃成为孩子永远的朋友，或者梦想家的教育模式，不能践行指挥官或者导师模式。

仅有善意初衷的教育方式截然相反。善意的初衷或许赞赏健康有益的教育**观点**，但却缺乏化观点为现实的必要行动，不能坚守承诺。

反复申明的一点内容就是：我们可能确定了某一预期目标，但我们如果不能真正开始向目标进发，就永远无法实现这一目标。践行有规划的教育，绝非仅有善意初衷的教育。

我对家长的希望很简单。祝你下定决心成为孩子生活中有影响力的家长。祝你选择从当下做起，不管孩子处在蹒跚学步期，还是步入青少年时期，都要有意向、有方向、有目的地引领他们，关爱他们。

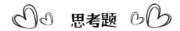 **思考题**

1. 为了孩子，为了家人，你在朝着理想的目标进发吗？

2. 你对孩子的教育是意向明确，还是仅有善意的初衷呢？为什么会这样做？

3. 花些时间评估一下现状，你是否需要转变对孩子的教育方向，或者再次确认当下选择的教育方向？从当下出发勇往直前，你需要坚持践行哪些内容？

第十七章

教育子女之路，值得我们努力奋斗

很久以前，在一个遥远的星系，我展望自己规划的人生路线，自己的未来职业、自己的家庭等一切内容。我有一个五分计划，我的行动锐不可当。这时来了一位金发碧眼的年轻活泼的美女。我坚信上帝派她走入我的生活，就是来破坏我的最佳方案。坦率地讲，因为世人都很自私。当时我的视野里容不下任何人的方案，自以为是，踌躇满志。现在我有时还会为此纠结。

十一月一个寒冷的夜晚，克里斯汀实事求是地谈到我们要收养家中这些孩子的问题。我坚决反对。我难以想象自己怎么可能疼爱非己所出的孩子。事实证明我大错特错！

我不是反对收养，只是不够了解情况。我们家沿袭传统的方式组建家庭（或者像一位朋友说的那样，"这种方式真轻松！"）。所以我固执地坚守自己的规划，固守自我信念中的生活方向。谢天谢地，克里斯汀赢得了战斗。我们不但那次收养了一个孩子，还收养了所有这些孩子，一共八个。今天，我最小的女儿八岁，最大的儿子三十二岁（我们二十四岁时收养了他），家庭成员迅速增加。

我从未设想过现在生活中发生的故事情节。但我可以发自内心地告诉你，这是我想象中最美好的故事。相比之下，我那完美预设的计划，我的初衷黯然失色。我担心自己无法疼爱一个收养的孩子，但现在我知道人无所不能。即使在我打字的时候，脑海中还会浮现出八张面庞，我对他们每一个人爱深似海，为了他们我愿意穿越大洋。因为他们是我的孩子。

前文讲到了教育孩子的黑暗面。我犯下的错误不胜枚举。我令孩子们心生失望的时候举不胜举。我不得不放下身段寻求他们的谅解。我曾屈从于训诫、嘲讽、掌控的方法，我尝试过迎合讨好他们，我也做过白日梦等等。这些方式均未带来实效。

我不再努力赢得与孩子的争论，而将目光转向赢得他们的内心，这时一切都发生了转变。我爱他们，不是因为他们的表现，或者他们会成为什么样的人。我看到他们真实的本性，看到他们美好的心灵，听到他们的心声。我热爱耳目所及的一切。在我生命结束的时候，我宁愿深刻了解自己的孩子，和他们保持亲密的关系，也不愿去证明某些无关轻重的事实。因为我值得为之努力奋斗。

孩子的心值得我们努力奋斗

每个孩子体内的那颗心，异乎寻常地值得我们为之奋勇向前。这颗心因何跳动？因何燃烧？因何心碎？内心怀着怎样狂野的梦想？我希望对之有所了解。我想投入所有可能的时间，和我那些可爱的孩子在一起，探索这些问题的答案。我希望捍卫我在他们内心发掘出的一切答案。当这个冰冷残酷的世界告诉他们，他们的表现差强人意，不够聪明，不够漂亮，不够潇洒，天赋不足的时候，我希望他们知道，他们的父亲相信他们并不逊色，毫不迟疑地相信这一点。

我希望他们永远记得我视他们为珍宝。如果这样做意味着我会错失这一切，我不想在任何争论中占据上风，或者证明任何重要的观点。他们的心才是价值连城的珍宝。

孩子的未来值得我们努力奋斗

我的孩子会成为什么样的人？他们会怎样改变这个世界？他们会对他人带来怎样的影响？他们怎样捍卫弱势贫困群体？他们会留下何等精彩的人生轨迹？

我希望他们知道，未来属于他们，不论发生什么他们的妈妈爸爸会陪伴他们，为他们加油。我希望消除他们的顾虑，他们的错误、不足、失败不能为他们定性，不能决定他们未来是否取得成功。我希望他们的人生故事值得我们努力奋斗。

孩子的故事值得我们努力奋斗

在孩子身上发生的那些故事，那些美好、奇妙、精彩、光荣、滑稽、启迪、励志的故事，值得我们为之努力奋斗。尽我所有，尽我所能，我希望他们的故事能获得所有人的支持扶助。

我不能理解有些家长的作为，他们强迫孩子选择自己从事的职业，将自己的择校意愿强加给孩子，不断干涉孩子选择约会的朋友。我不明白为什么家长不能妥协，不肯放手，不允许已经成人的孩子从心而行，或者顺其自然行事。诚然，假如孩子选择朋友或者约会对象会带来不利影响，甚至会带来破坏性的影响，类似的情况下家长必须插手，但这是例外情况，并非家长的行为准则。

很久以来我一直羡慕某个熟悉的家庭。我看着这家的孩子长大成人，对每一个孩子了如指掌。他们的父亲常讲："生活要靠孩子自己体验，成长为自己心中的那个人。不管他们选择成为什么样的人，我们家长都要给予赞赏，相信他们。"一种理念就这样应运而生。今天他和妻子的三个孩子都生活得健康、幸福、独立，他们在美国和海外组建了自己的家庭。他们开始在自己的孩子身上打造自己留给这个世间的遗产，这份遗产还会继续影响子孙后世的生活。

支持扶助专属于孩子的故事，是培养孩子热爱生活的唯一途径。我认识的众多家长试图把自己的规划以及意愿强加给自己的孩子，这只能导致一种结局，彼此的沟通中断，关系疏离。我想问一问诸位家长，这样做值得吗？

我希望孩子活出自己的故事，顺应天命，从心所欲。只要他们在生活中保持良好的品行，言行一致，我就会支持他们成为自己选择的那种人。他们的故事值得我们努力奋斗。

我们的家庭值得我们努力奋斗

我经常回到家中，因为我爱这个家。我有个美丽的家，虽然房屋有些破旧需要修缮，但是家里一片欢闹，那里有上帝赐福于我的瑕不掩瑜的家人。即使在我们所经历的极为艰难的时光里，我也不希望自己的生活改变现有的模式。这就是家，家永远不会像杂志封面那样光鲜亮丽，家中也不会发生电影《淘金岁月》（*the Hallmark Channel*）[①] 里的桥段。如果这

---

① 《淘金岁月》（*the Hallmark Channel*），2002 年公映的一部美国剧情电影，改编自美国著名现实主义作家、幽默大师马克·吐温的第二部成名之作《苦行记》，由查尔斯·马丁·史密斯执导。——译者注

一切是你心心期待的画面，无怪乎你会感到怅然若失、意懒心灰。我们何不珍惜所拥有的一切？何不珍惜获得的一切？你的家庭值得你努力奋斗。

每一天，我都为了孩子的心努力奋斗，我努力给予他们炽热的爱，我努力每天向他们证明我们多么珍视他们，需要他们，我们一直陪伴他们。我努力守护他们对抗这个孤独的世界，而这个世界存在着威胁，会摧毁他们，增加他们的不安全感。我努力时时提醒他们，他们有多么优秀，多么美好，多么了不起，即使他们认为自己并非如此。

即使我们与孩子发生纠纷，也要努力赢得他们的心。

我们称这条路为教育子女之路，赢得这场战斗是这段路途中的重中之重。

译后记

首次接触《陪伴式成长：如何赢得孩子的心》一书，便对作者麦克·贝里的家庭构成产生了浓厚的兴趣。在我们的日常生活中，有几人不因自己的孩子而头痛不已？添了二胎的家长，有几人能对家庭生活安之若素？他却与妻子共同养育了八个孩子，八个皆非己所出的、领养的孩子，有些孩子患有先天性疾病，有时有暴力倾向，甚至会对他们夫妇造成身体伤害。非拳拳爱心不能成就此等善举，非超凡的智慧无以经营如此的家庭。带着这份倾慕之心，我开始着手翻译此书。

时下关于教育子女的图书浩如烟海，其中噱头甚多有玄而又玄的"科学"理论，有介绍各式各样的亲子活动，还有激励人心的励志美文。林林总总的图书，多半只能令为人父母者一时兴起，不能让人产生心灵的震撼，更不能为自己的家庭带来根本性的改变。而此书另辟蹊径，从自己的家庭问题入手，层层剖析为人父母常见的问题，最终直指要义——赢得孩子的心才是解决问题的根本所在。

本书用平实朴素的语言，以幽默的笔触讲述为人父母的苦辣酸甜，正如我们日常生活的本有面目。"真实朴素"是这本书最大的特点，看似平凡无奇，却是父母子女沟通的根本所在。这正是我们常常忽略的质朴纯真的生活。养儿育女的生活苦乐兼而有之，若能耐得寻常生活的磨练，必能培养一段健康有益维系终生的真挚情感。

"人为物累，心为形役"。这是当今父母身心疲惫的最大根源。我们常常听到这样的感慨，古人一家能养九子，如今一个孩子就能让家中百事不宁。正如本书所述，我们陷入了比较的陷阱，沉迷于影视剧中虚幻的理想化情景，受制于社会通行的所谓衡量子女教育成功与否的标准，困缚于自己难以企及的所谓精英父母行为模式，孩子不能输在起跑线上，甚至不能输在子宫里。父母的焦虑情绪必然影响子女的教育过程，影响与子女的沟通交流。父母成了孩子的人生导师，是孩子行为的指挥官，孩子仿如父母手中的人偶，毫无自我选择可言，于是这种付出，滋生了激烈的矛盾，最终促成了孩子的叛逆，甚至酿成弑父伤母的人间悲剧。你我皆凡人，孩子同样也存在个体的差异，会有这样那样的毛病和问题，包容孩子，宽待自己，这样才会岁月静好。

"行有不得，反求诸己"这是父母最容易忽略的原则。父母在一起最常讨论的事恐怕就是叛逆了，社会的变革、文化的冲击、朋友的影响，这些都是归结的理由，罕有父母会反思自我，从自己的身上查找原因。当孩子在交流时始终一言不发，家长是否反思过自己的行为？常以长辈的特殊地位自居，强势控制话语权，对孩子的话语闭塞视听，终令孩子用沉默表达无声的抗议。当孩子毫无家庭概念，不愿与家人共处时，家长可曾想过自己是否是个毫无仪式感的人？是否为了事业忽略了与家人孩子共处的时光？当孩子出言顶撞，行为粗鲁时，家长可否意识到这是自己行为的投射？自己是否也用这样的态度对待自己的孩子，甚至自己的父母？孩子的叛逆并非是无端形成，作为家长，除了要体察孩子所处环境的变化，更要从自己身上查找原因。言传不如身教，家长的言行就是对孩子最好的示范。

"父母之爱子女，则为之计深远"，这是家长容易陷入的最大误区。每一个父母都在为孩子营造未来而奔波劳苦，希望为孩子营造一个不受风吹雨打的避风港，力求自己经历的波折不让孩子再次体验。有些家长走入了溺爱孩子的误区，成为"二十四孝"家长，无论孩子有何种需求都要尽力满足，无论孩子用何种态度对待身边的人都竭力维护，无论孩子做出何种不堪的行为都为之善后，努力扮演好孩子永远的同伴、最理解的朋友，这样的角色发生了错位。父母的爱不仅是和风细雨，更要用雷霆手段制止孩子的错误行为，用严厉态度警示他们的不当选择。缺乏边界意识的家庭，必然会酿成悲剧，父母子女的关系终究难以维系。

解决教育子女问题的根本密匙就是赢得孩子的心，对于孩子正值青春期或青少年时期的家长，本书确是一本必读读物。家庭的问题千差万别，本书不是解决所有具体问题的万灵药，但善用本书阐释的九大要点，可以解决家中的根本问题，只要与孩子建立心与心的沟通交流，所有的问题都可以迎刃而解。我们要有耐心有信心陪伴孩子，共同成长，未来必将有斩获。父母养育子女的过程，未必就是渐行渐远的行程，正确的家庭教育能够凝聚一生相守的情意。当越来越多的父母将目光投向各种教育理论，寻求和接受先进的教育理念和方法，开始反思我们自己并摈弃传统的养育思想之时，本书所传达的教育理念，尤其值得我们回味和深思⋯⋯

刘璇

于平顶山静心居

出 品 人：许 永
出版统筹：海 云
责任编辑：许宗华
特邀编辑：王佩佩
责任校对：雷存卿
封面设计：海 云
印制总监：蒋 波
发行总监：田峰峥

投稿信箱：cmsdbj@163.com
发 行：北京创美汇品图书有限公司
发行热线：010-59799930

创美工厂　　　创美工厂
微信公众平台　官方微博